AF364869

EL MÉTODO CACAFUTI

un libro de caligrafía para niñ@s molones

ESTE LIBRO PERTENECE A:

____

¿Qué resultado da sumar 1 caca
+ 2 cacas? Un olor apestoso.

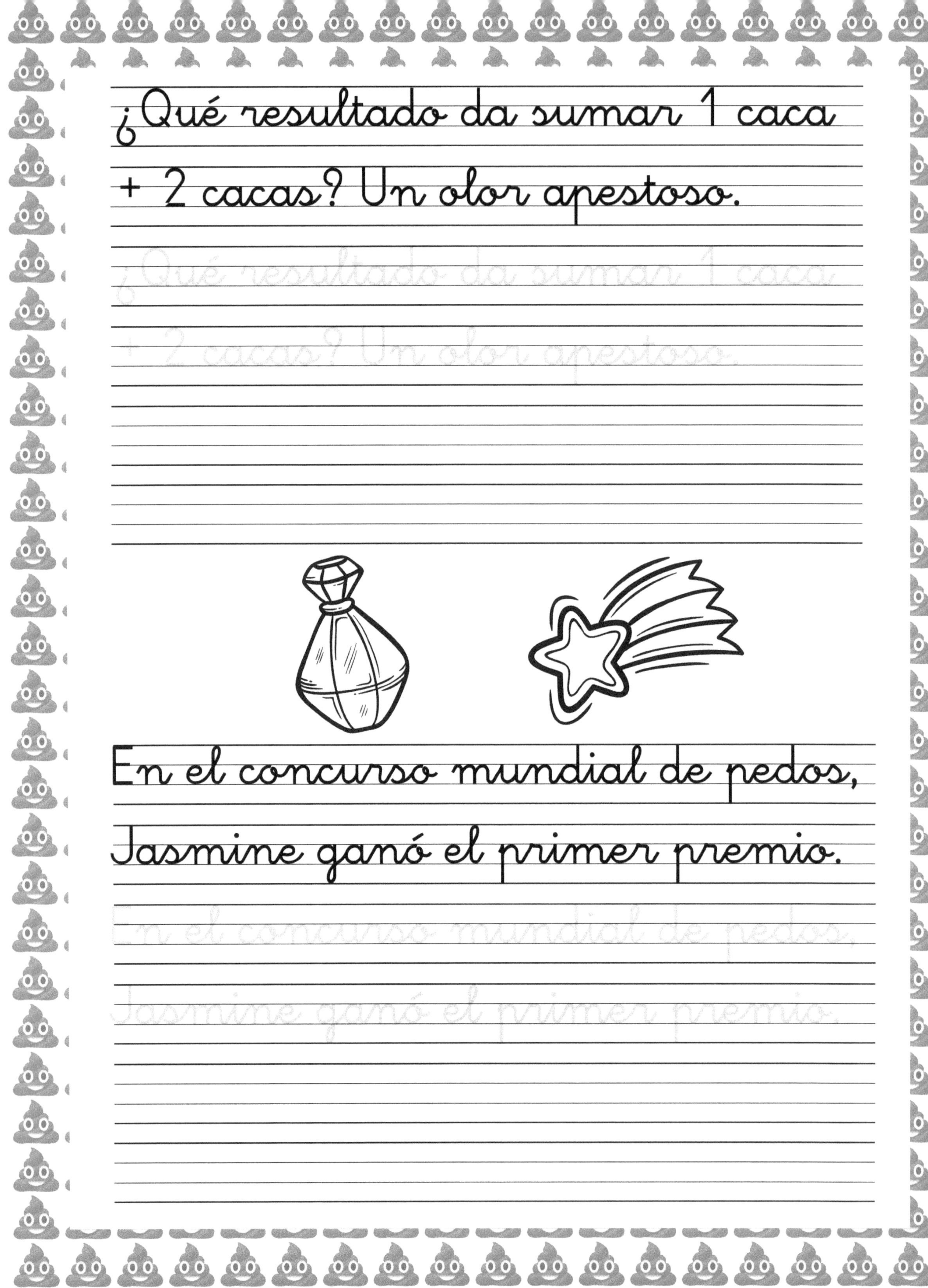

En el concurso mundial de pedos,
Jasmine ganó el primer premio.

El pequeño unicornio hace caquita
del color del arcoiris.

A Peter Pan le gusta desayunar
tostadas y todo tipo de Pan.

Caperucita Roja invitó al lobo a comer empanada de moco y miel.

Al vampiro Casimiro le olía el aliento a calzoncillo de gorrino.

La sirenita se preparó un baño
relajante con pipí de cangrejo.

La sirenita se preparó un baño
relajante con pipí de cangrejo.

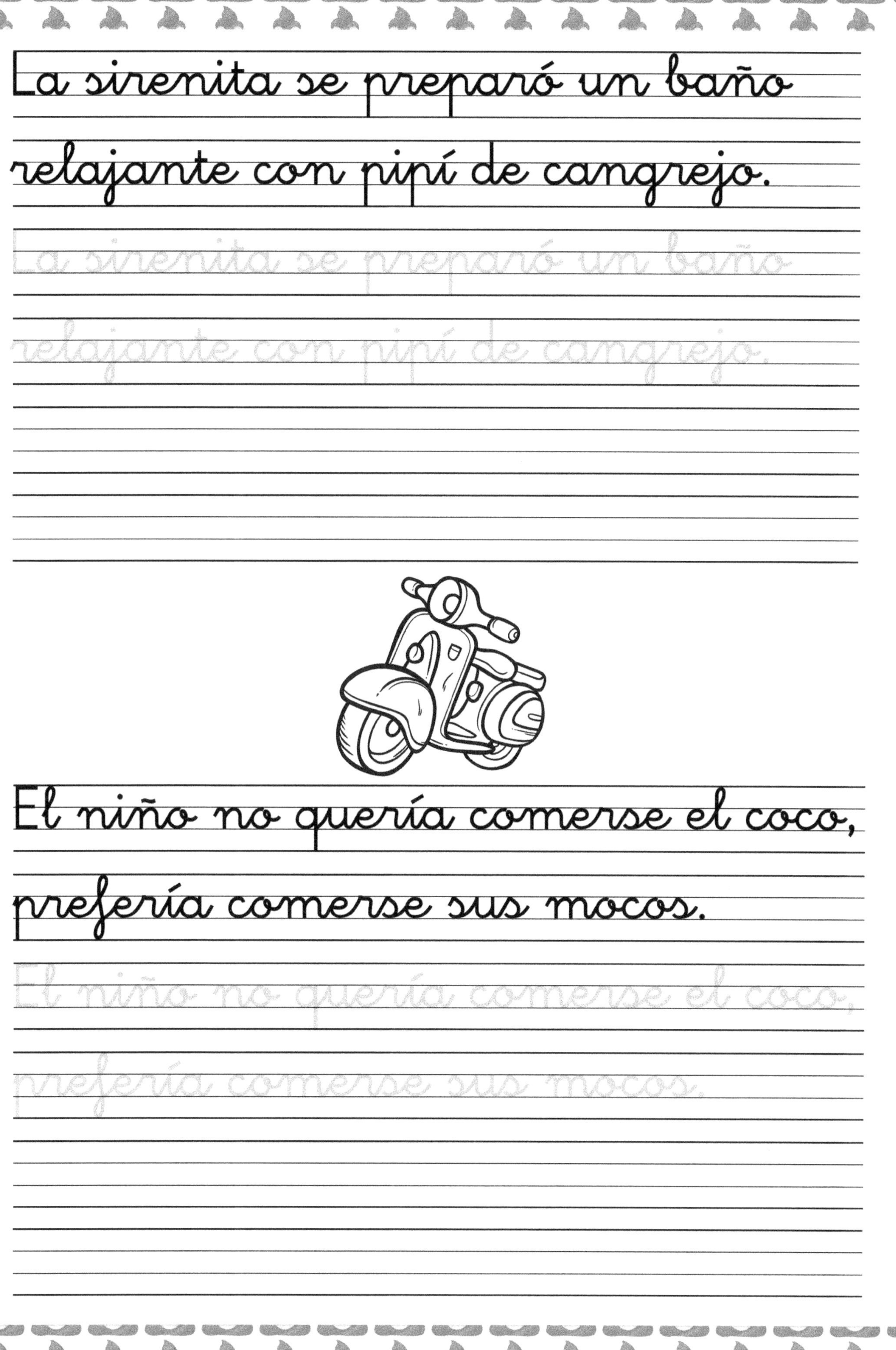

El niño no quería comerse el coco,
prefería comerse sus mocos.

El niño no quería comerse el coco,
prefería comerse sus mocos.

En la selva habitaba el temido y respetado Rey Cagón.

Dori no se acordaba de si se había tirado 140 pedos o 235 pedos.

El pequeño mago Harry convirtió
todas las caras en culos.

La Bella durmiente se despertó al
oler el pedo apestoso del príncipe.

TRAZA LAS LÍNEAS

TRAZA LAS LÍNEAS

Aunque la tarta olía a caca de
vaca, el gato gris se la comió.

¿Quieres comerte mi moco verde?
No, muchas gracias.

Al monstruo de tres ojos le olía
la boca a calcetín sucio.

Al monstruo de tres ojos le olía
la boca a calcetín sucio.

La ballena se tiró un pedo tan
grande que la playa se vació.

La ballena se tiró un pedo tan
grande que la playa se vació.

En el campo vimos un cerdito

con un culo muy gordo y rosa.

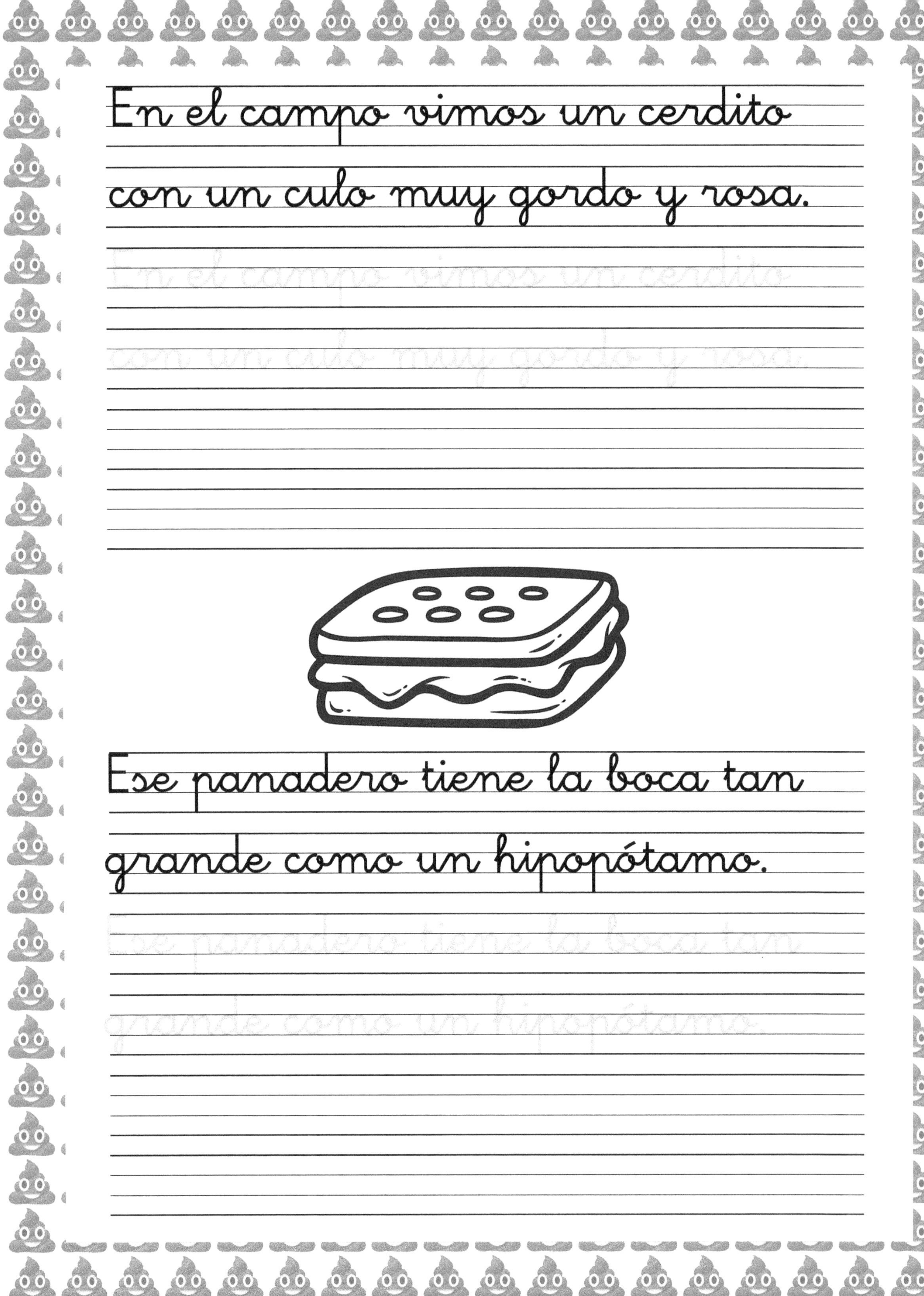

Ese panadero tiene la boca tan

grande como un hipopótamo.

Bob Esponja no se lavó el culete
ni ayer ni anteayer.

El profesor dibujó en la pizarra
una caca de color verde y azul.

A mi amigo Pepe le gustan las
tartas que huelen a pedo.

A mi amigo Pepe le gustan las
tartas que huelen a pedo.

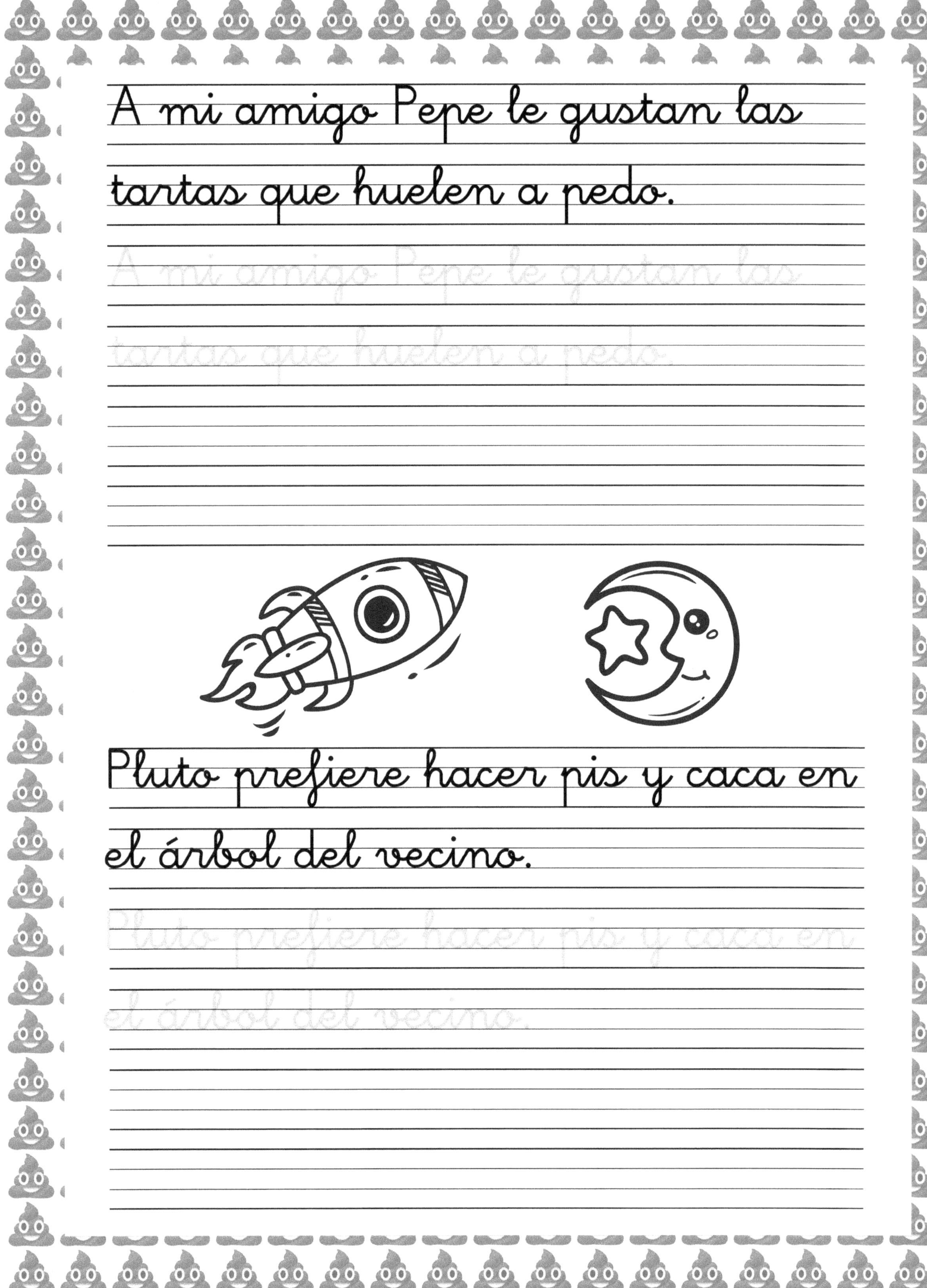

Pluto prefiere hacer pis y caca en
el árbol del vecino.

Pluto prefiere hacer pis y caca en
el árbol del vecino.

La señora se bajó del autobús y
después se tiró una pedorreta.

Los concursantes se bañaron en
una bañera llena de mocos.

Si hace mucho calor yo me tomo
un helado de caca y piña. ¿Y tú?

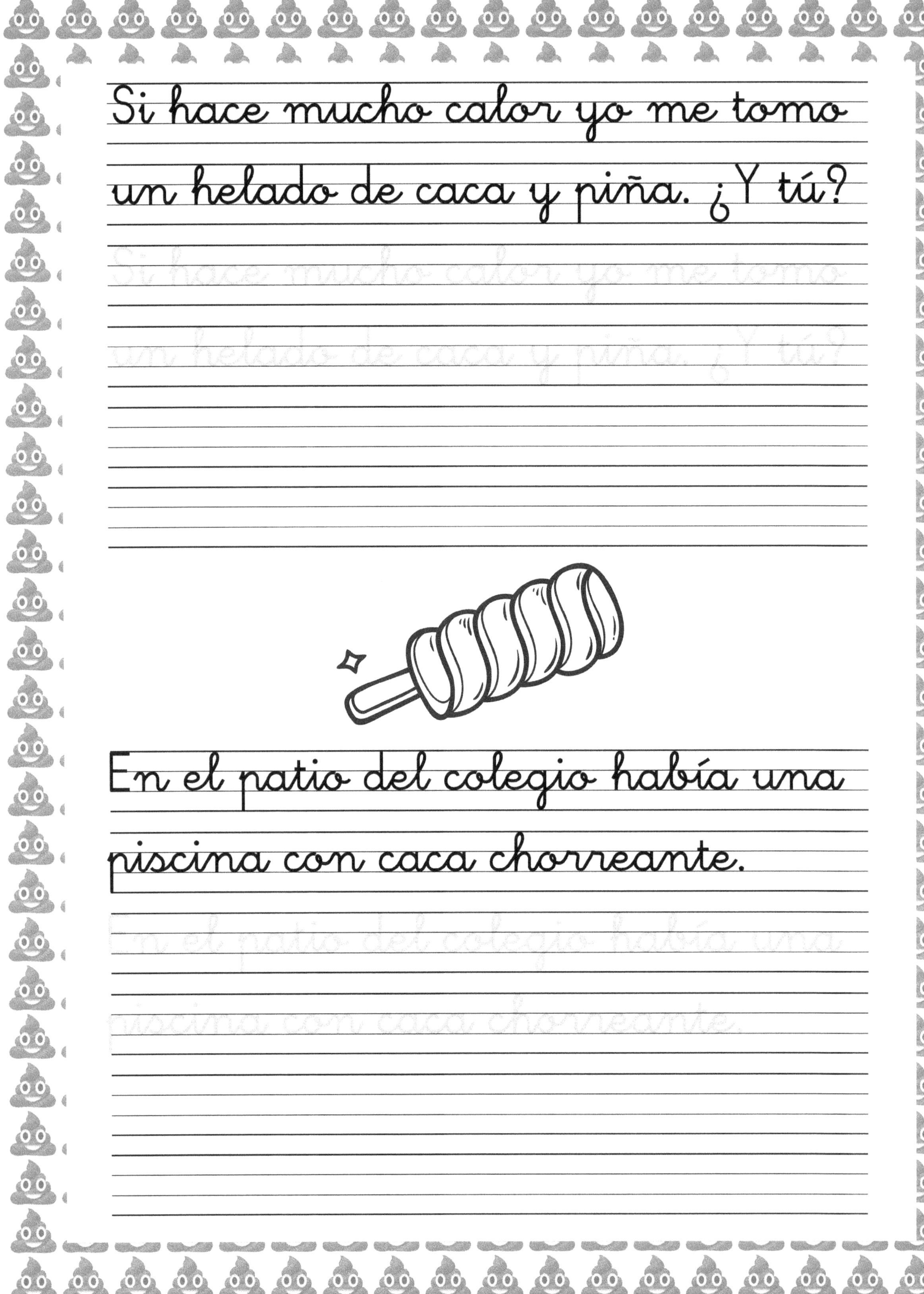

En el patio del colegio había una
piscina con caca chorreante.

¿Prefieres una sopa de pis o una sopa de vómito de gato atigrado?

En verano sin parar pon tu culo hermoso a refrescar.

COLOREA

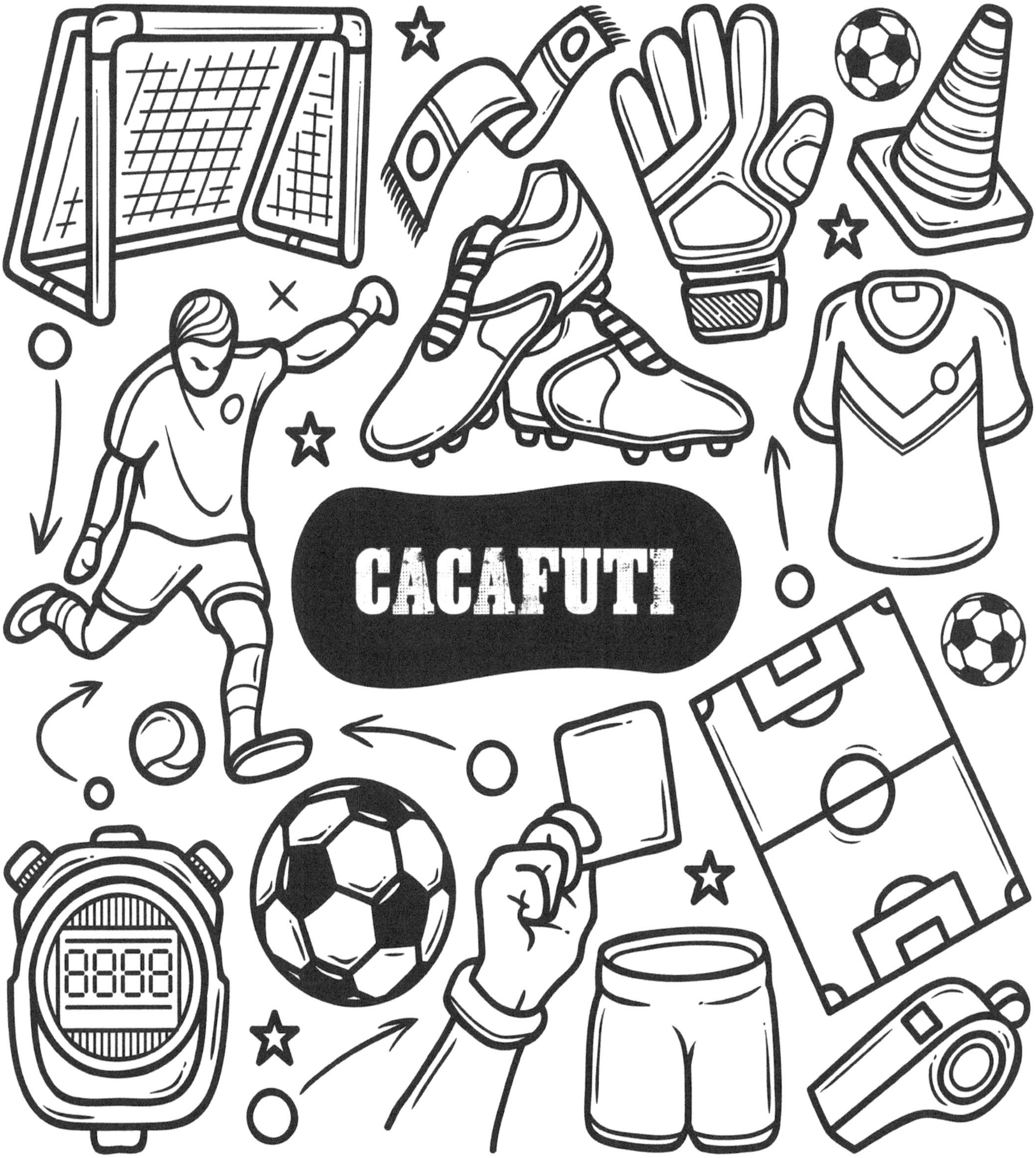

CACAFUTI

CACAFUTI

Blancanieves no quería visitar

la casa del enanito cagón.

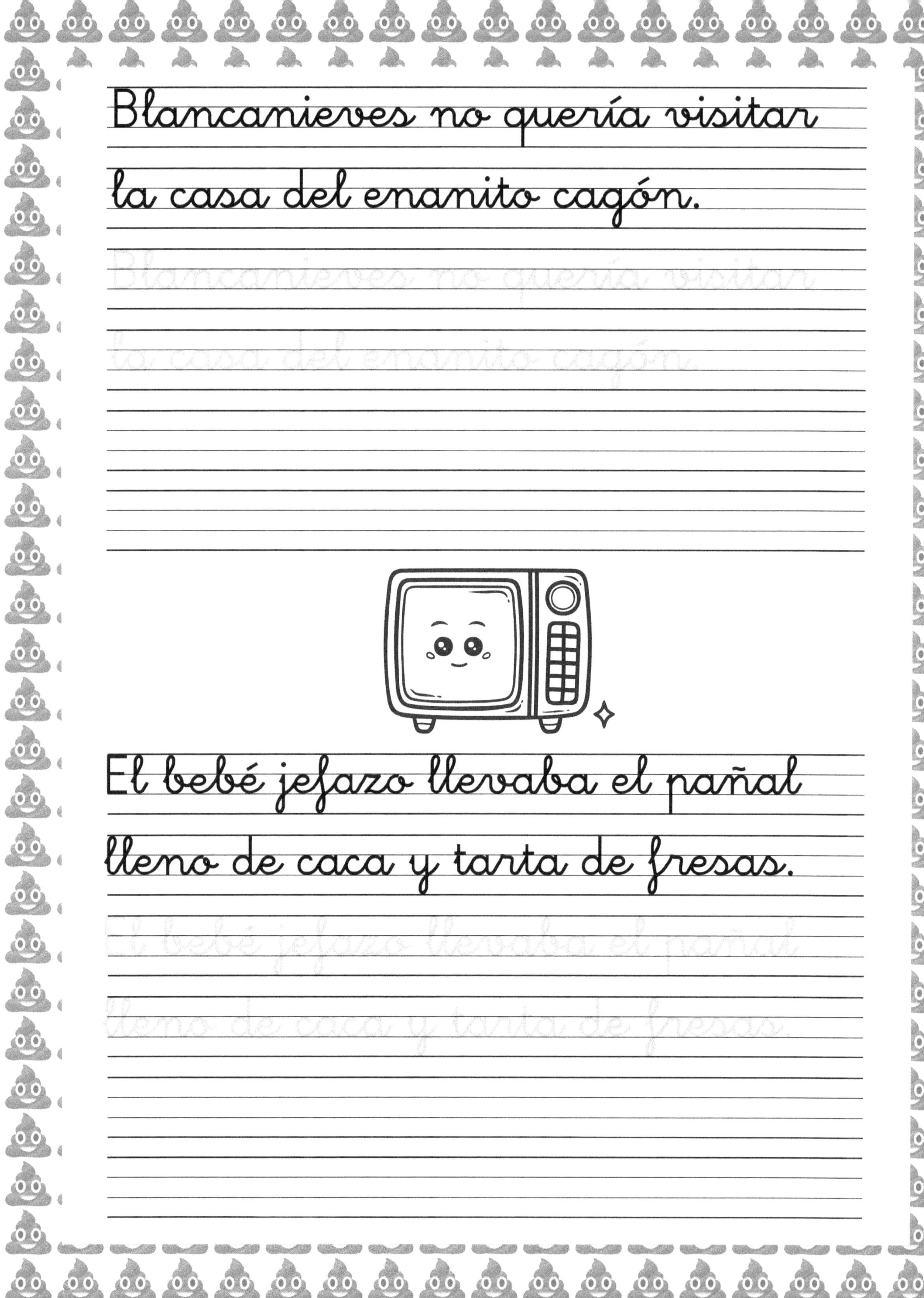

El bebé jefazo llevaba el pañal

lleno de caca y tarta de fresas.

En el cumpleaños de Donald hubo
una batalla de mocos. Gané yo.

El conductor se tiró un eructo que
olía a chorizo ibérico de bellota.

Al dinosaurio T-Rex le gusta leer

el periódico haciendo caca.

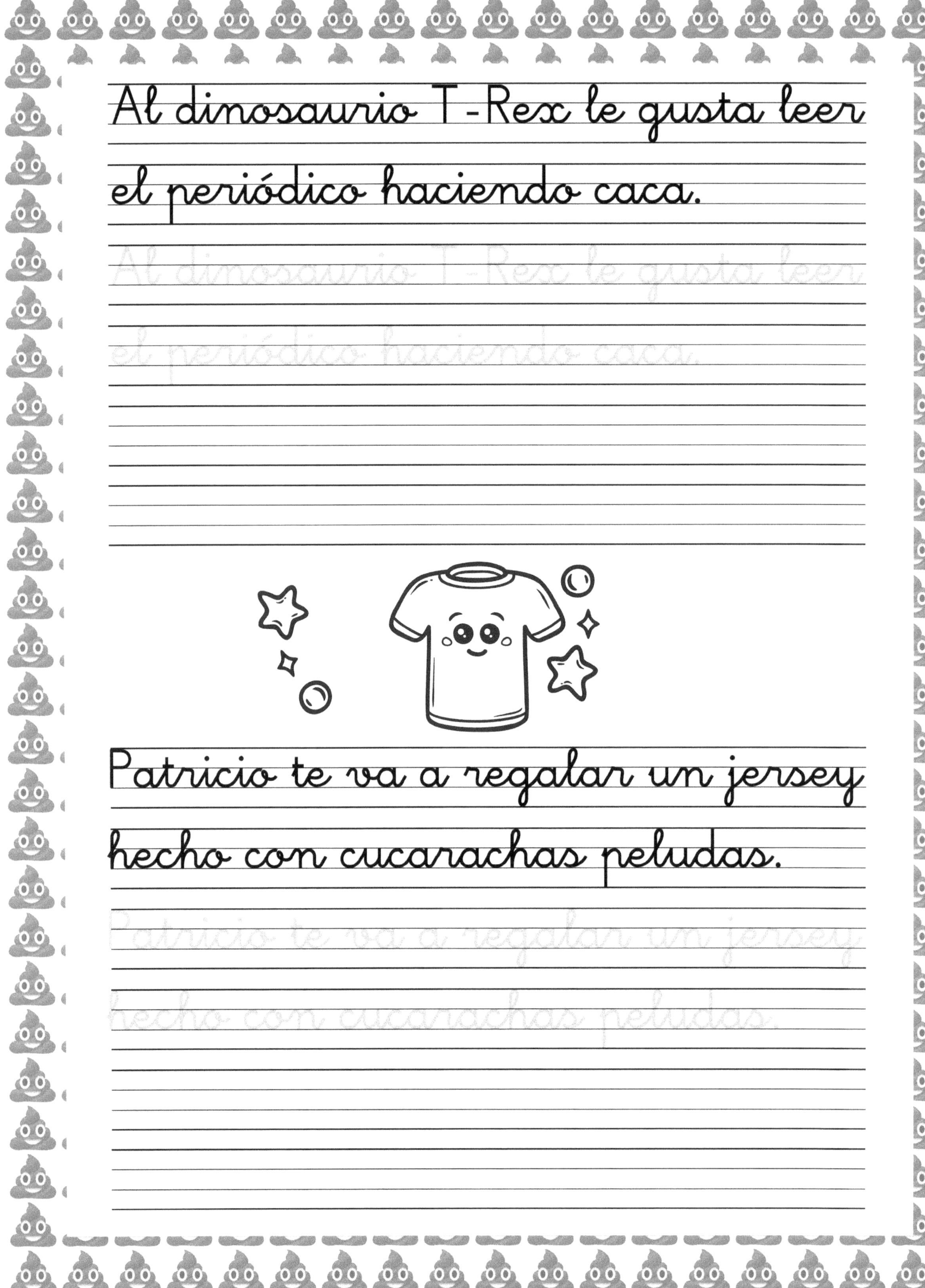

Patricio te va a regalar un jersey

hecho con cucarachas peludas.

Elsa se tiró un pedo tan enorme
que todo el hielo se derritió.

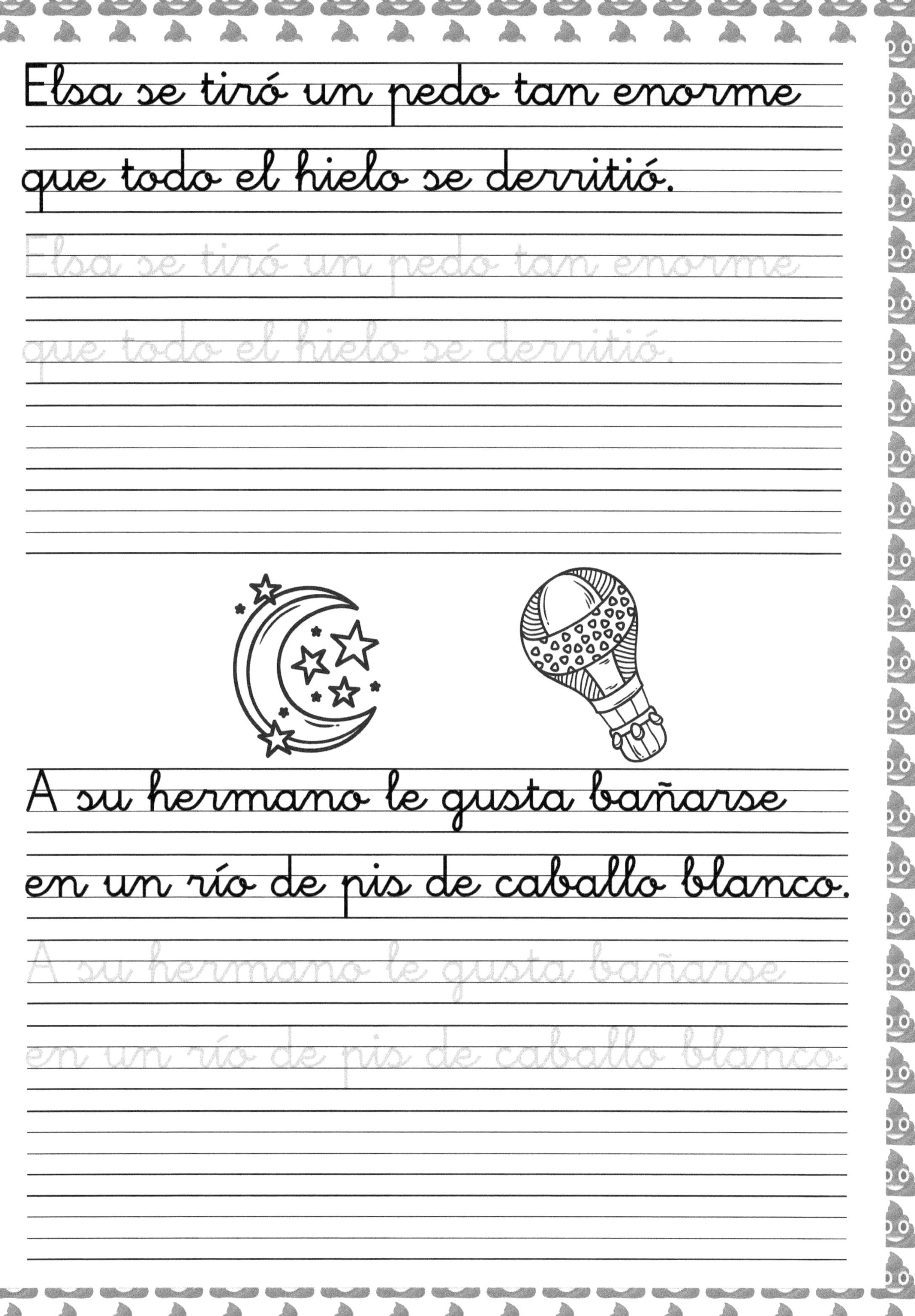

A su hermano le gusta bañarse
en un río de pis de caballo blanco.

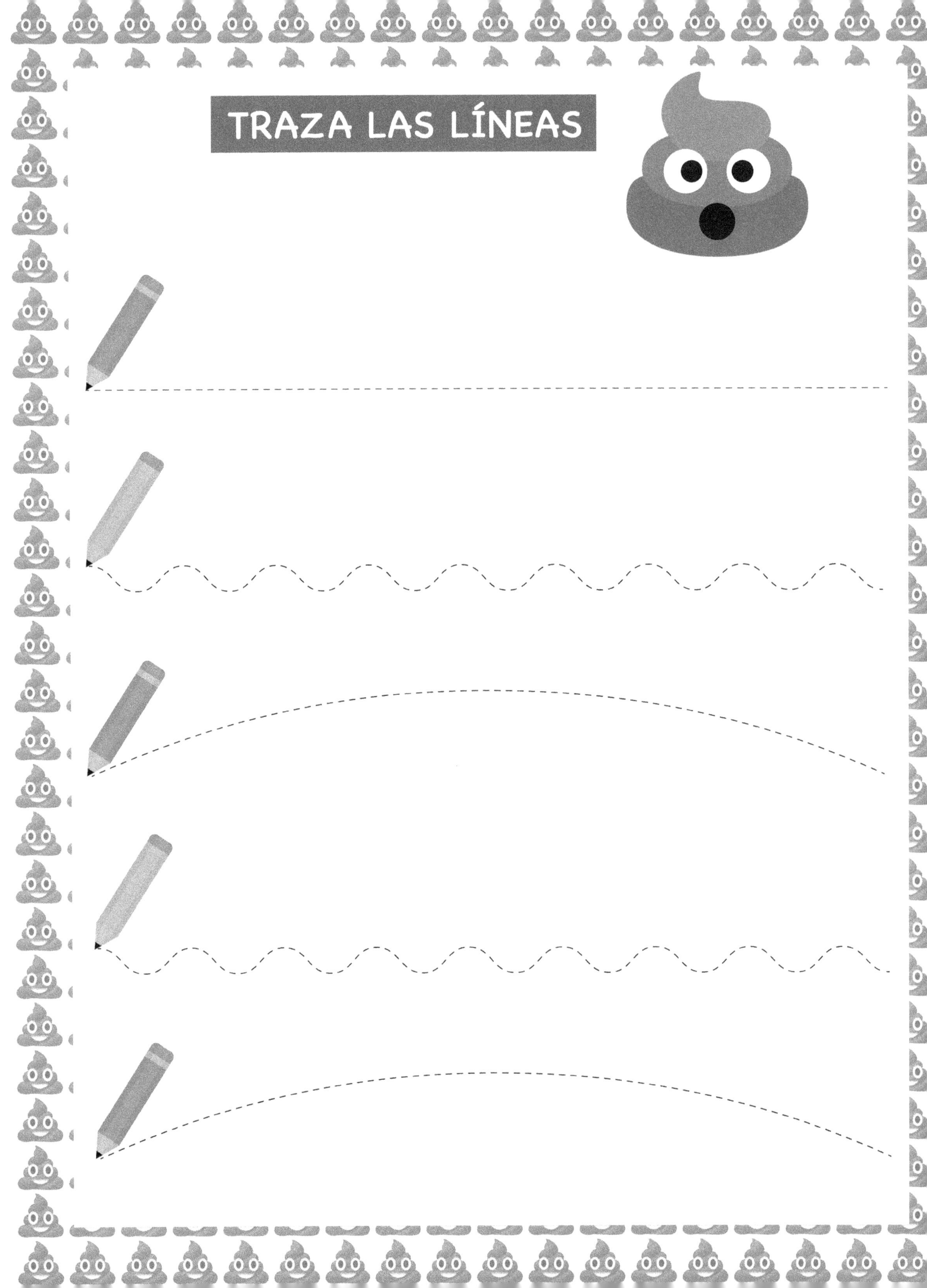

TRAZA LAS LÍNEAS

TRAZA LAS LÍNEAS

Ronaldo practica el tiro a puerta
con un balón hecho de caca.

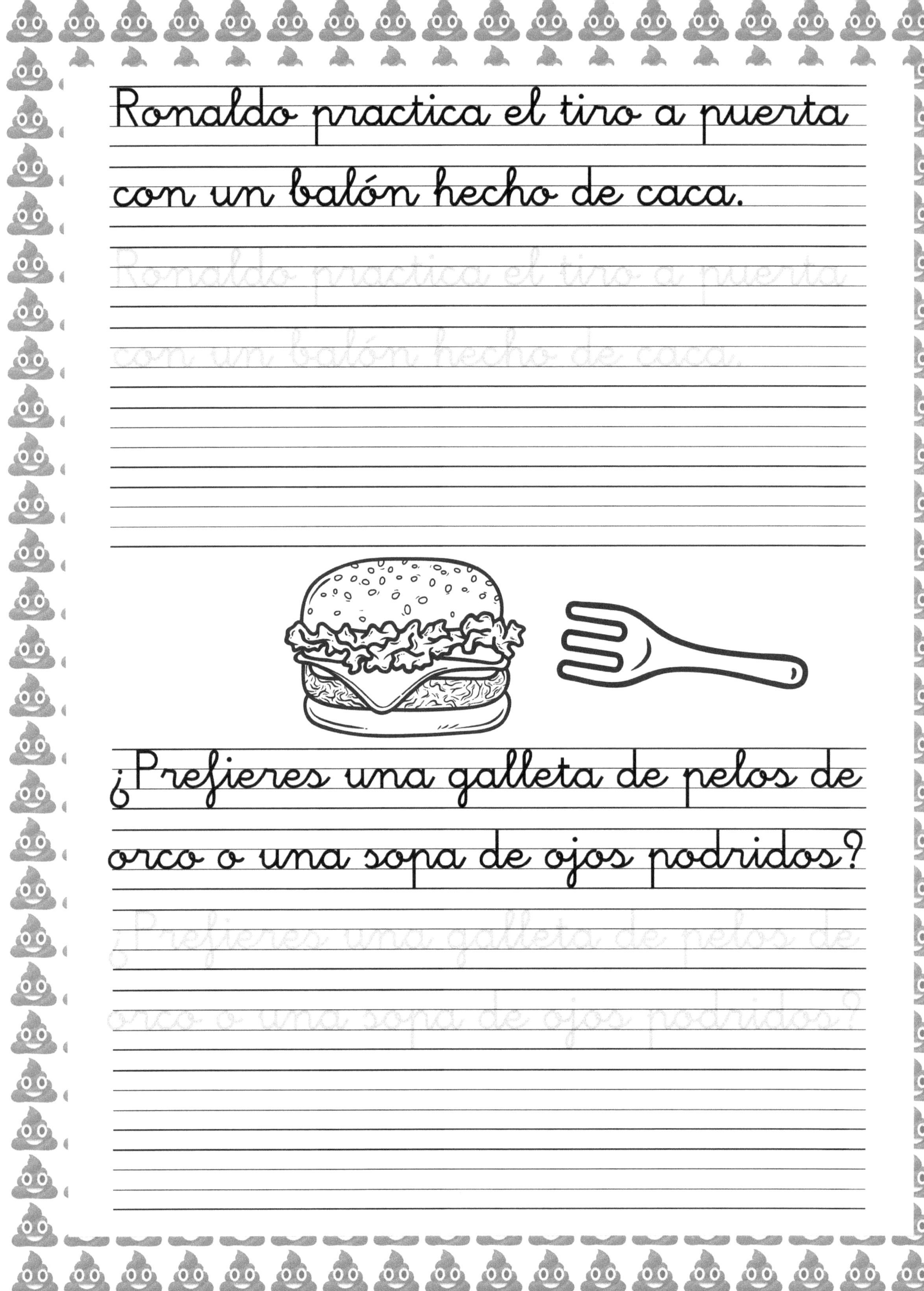

¿Prefieres una galleta de pelos de
orco o una sopa de ojos podridos?

La princesa no fue al baile en el
castillo porque tenía cagalera.

A Mickey le olían tan mal los pies
que me caí de espaldas.

En la fiesta del mago Harry nos
sirvieron sorbete de pipí.

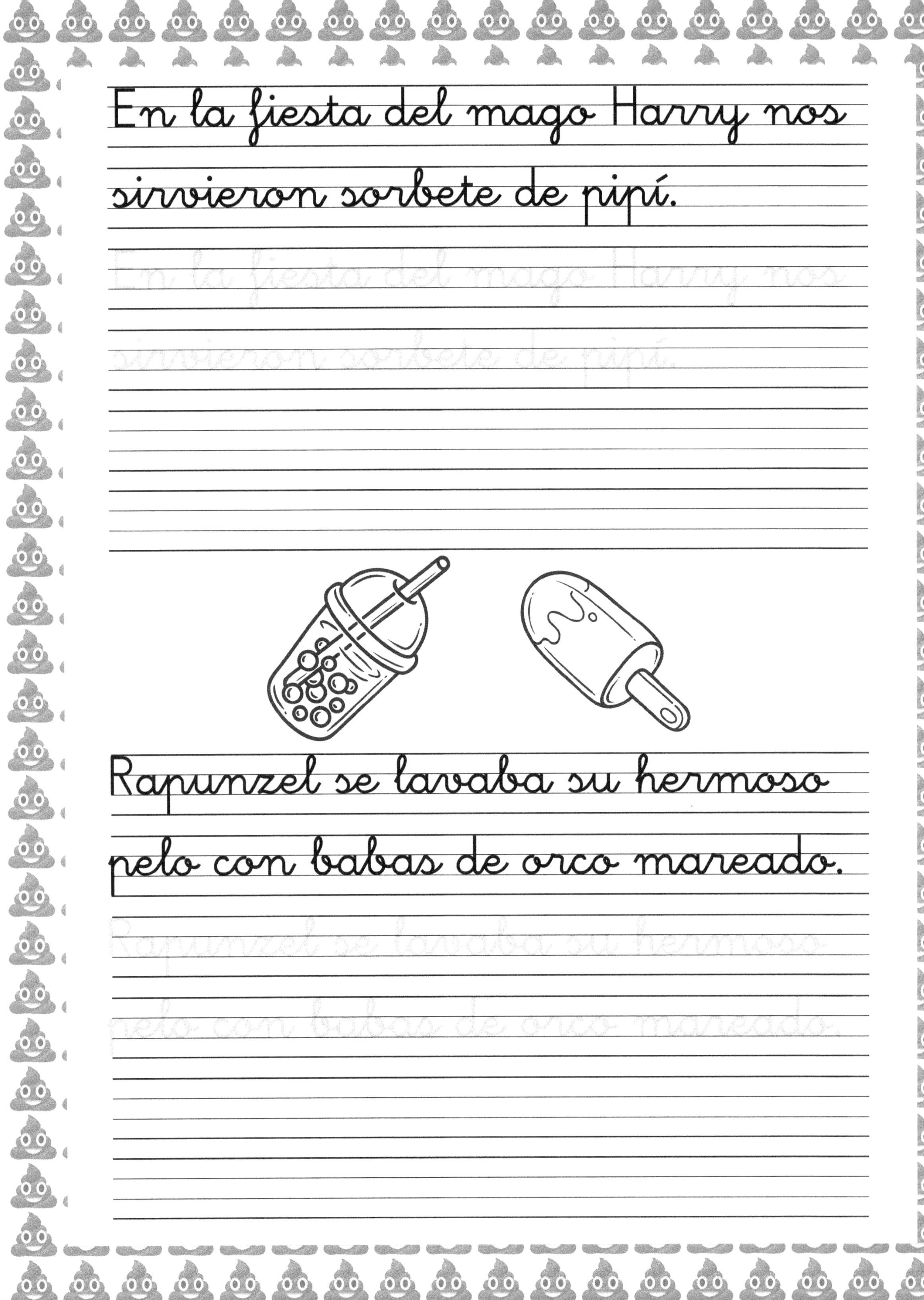

Rapunzel se lavaba su hermoso
pelo con babas de orco mareado.

Bella y Bestia bailaban mientras
se tiraban pedos llenos de amor.

Bella y Bestia bailaban mientras
se tiraban pedos llenos de amor.

En invierno hace frío, el culo se
congela y cago cubitos de hielo.

En invierno hace frío, el culo se
congela y cago cubitos de hielo.

Aladín se tiraba un gran pedo
para propulsar su alfombra.

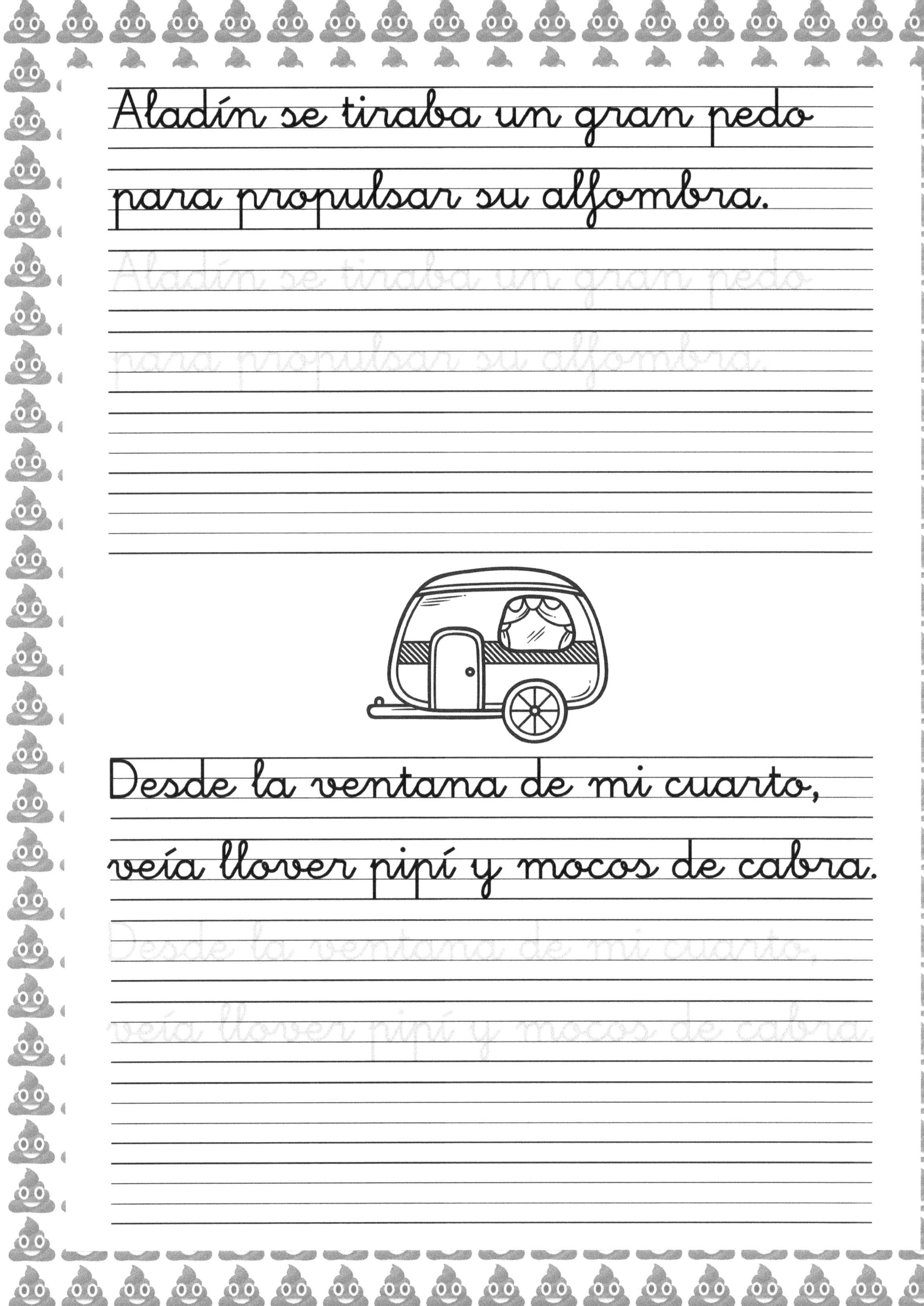

Desde la ventana de mi cuarto,
veía llover pipí y mocos de cabra.

El gato con botas pisó una caca
pero decidió no limpiar la bota.

El gato con botas pisó una caca
pero decidió no limpiar la bota.

Pinocho tiene la nariz tan larga
que huele tu culo a mil kilómetros.

Pinocho tiene la nariz tan larga
que huele tu culo a mil kilómetros.

La bebida favorita de su tío José
María es la caca-cola.

¿Prefieres oler el culo apestoso de
un mono o besar a una rata?

Hansel y Gretel lloran porque la casita es de caca, no de chocolate.

Hansel y Gretel lloran porque la casita es de caca, no de chocolate.

Si mi vecino fuera un superhéroe sería Superpedorretón.

Si mi vecino fuera un superhéroe sería Superpedorretón.

COLOREA

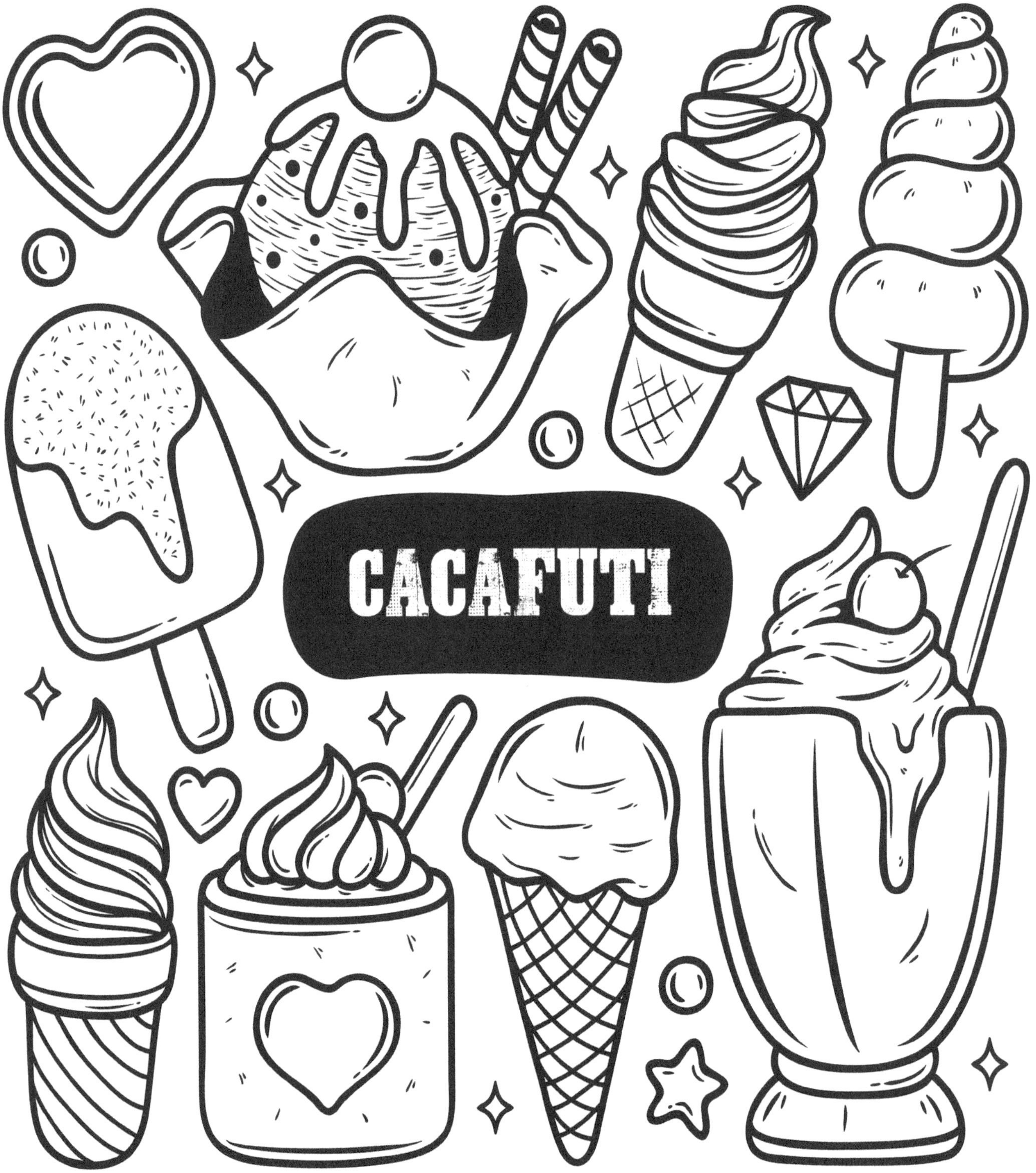

CACAFUTI

COLOREA

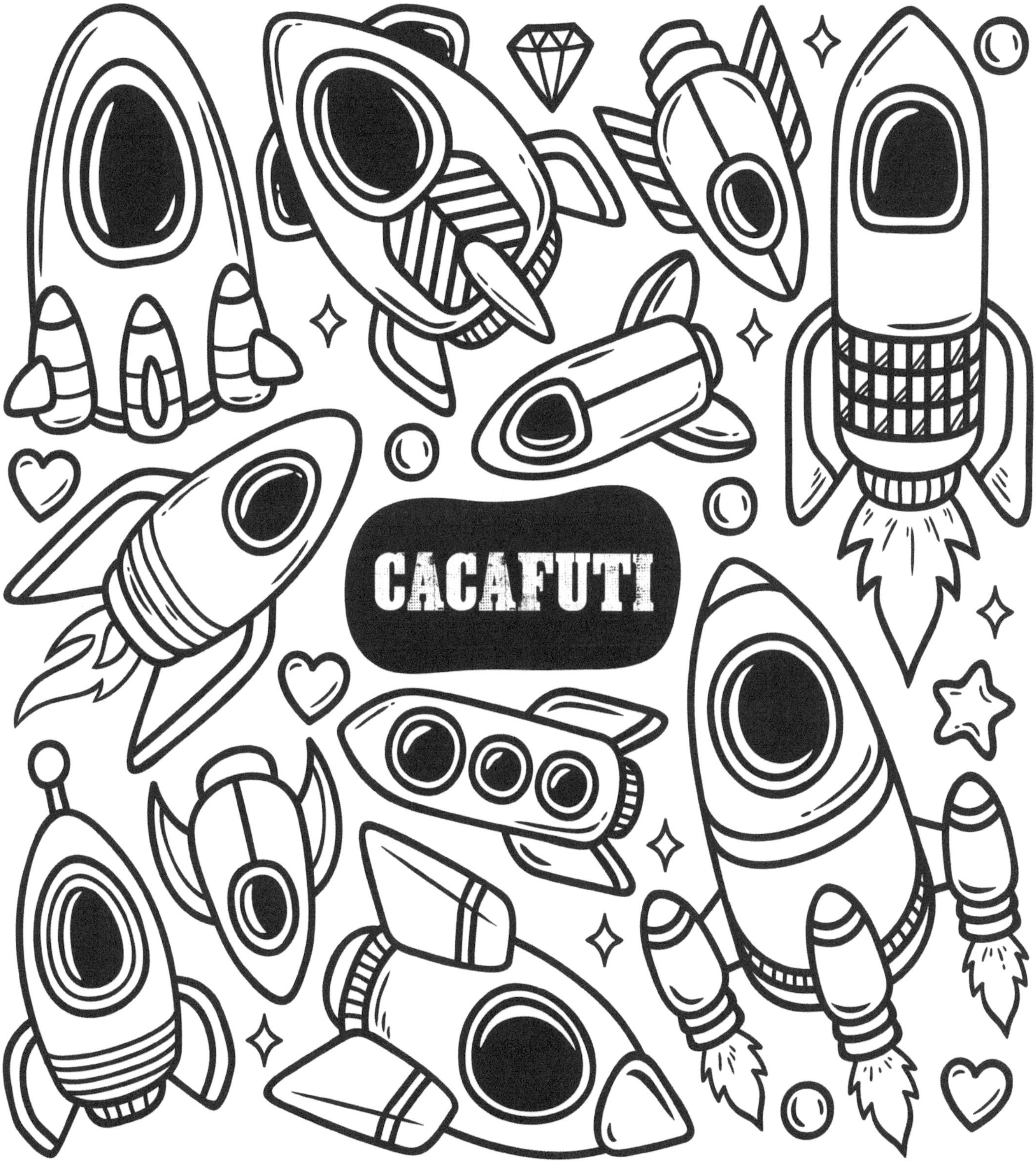

CACAFUTI

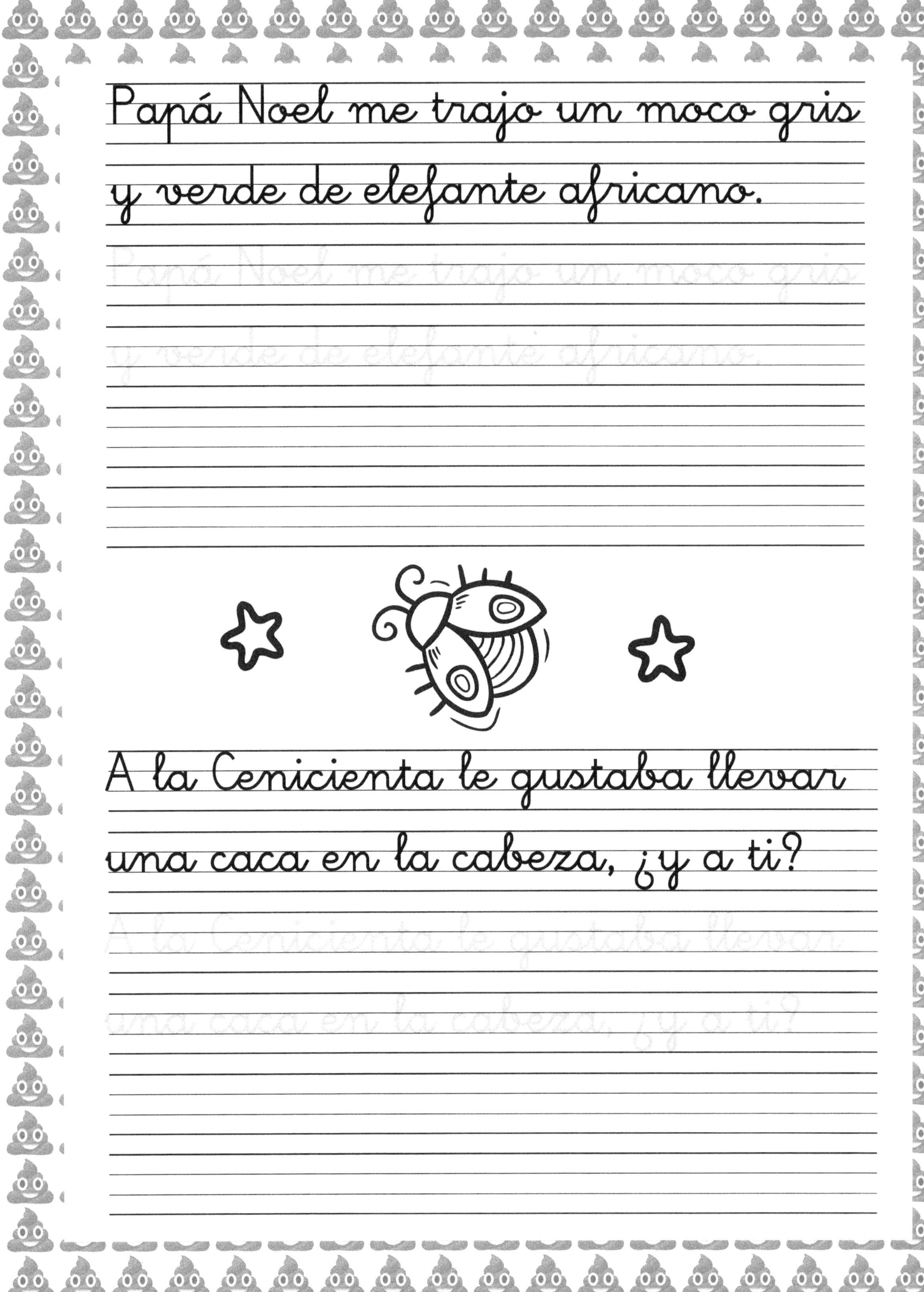

Papá Noel me trajo un moco gris
y verde de elefante africano.

A la Cenicienta le gustaba llevar
una caca en la cabeza, ¿y a ti?

El troll desayunaba cereales de
cucaracha con pis a la taza.

El troll desayunaba cereales de
cucaracha con pis a la taza.

Yoda iba a todas partes andando.

Nunca cogía el autobús.

Yoda iba a todas partes andando.

Nunca cogía el autobús.

Thor es fuerte, puede levantar
100 caballos y 3000 cacas de vaca.

El bebé llorón se cagó y Batman
tuvo que cambiarle los pañales.

Carlos se hizo pis en la piscina,
dice que por eso se llama pis-cina.

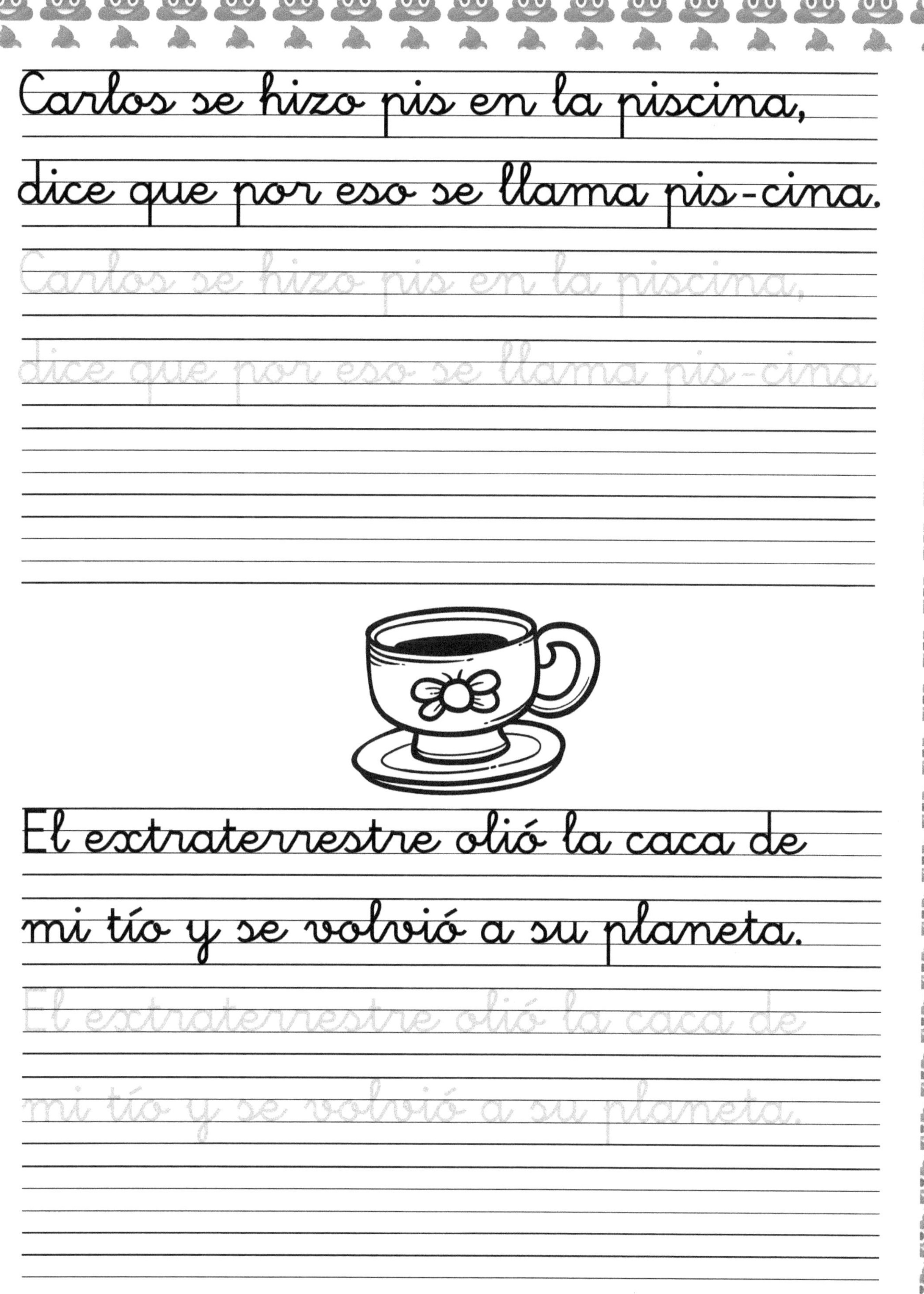

El extraterrestre olió la caca de
mi tío y se volvió a su planeta.

¡Un batido de moco de foca y pis de loro, por favor! ¡Marchando!

Minnie se fue de vacaciones a la isla de los pañales apestosos.

En el concurso de Miss Caca, gana
la caca más olorosa.

Mi libro favorito es Alicia en el
País de las Alcantarillas.

TRAZA LAS LÍNEAS

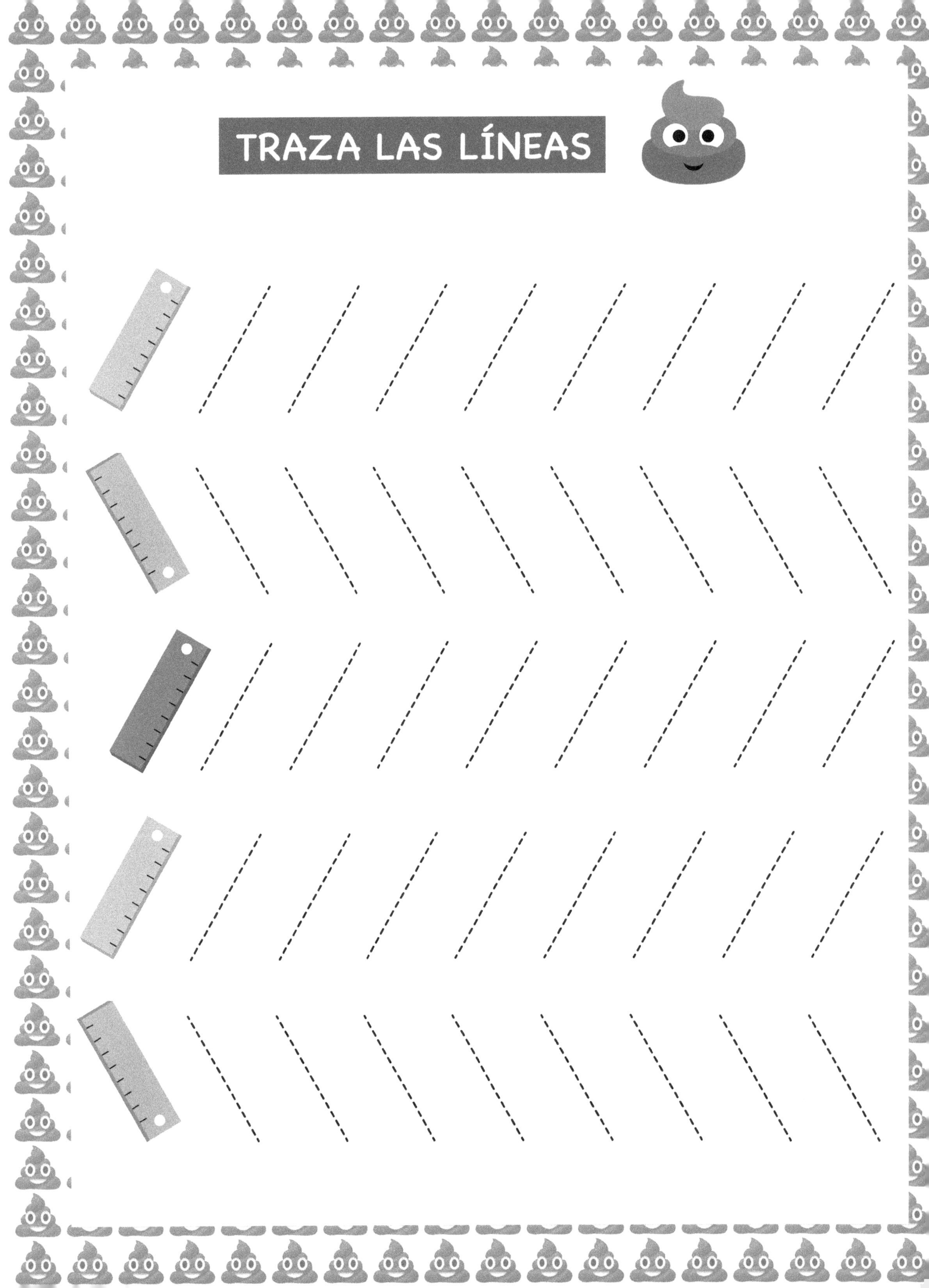

TRAZA LAS LÍNEAS

Hermione y Ron se casaron y se fueron de vacaciones a Benidorm.

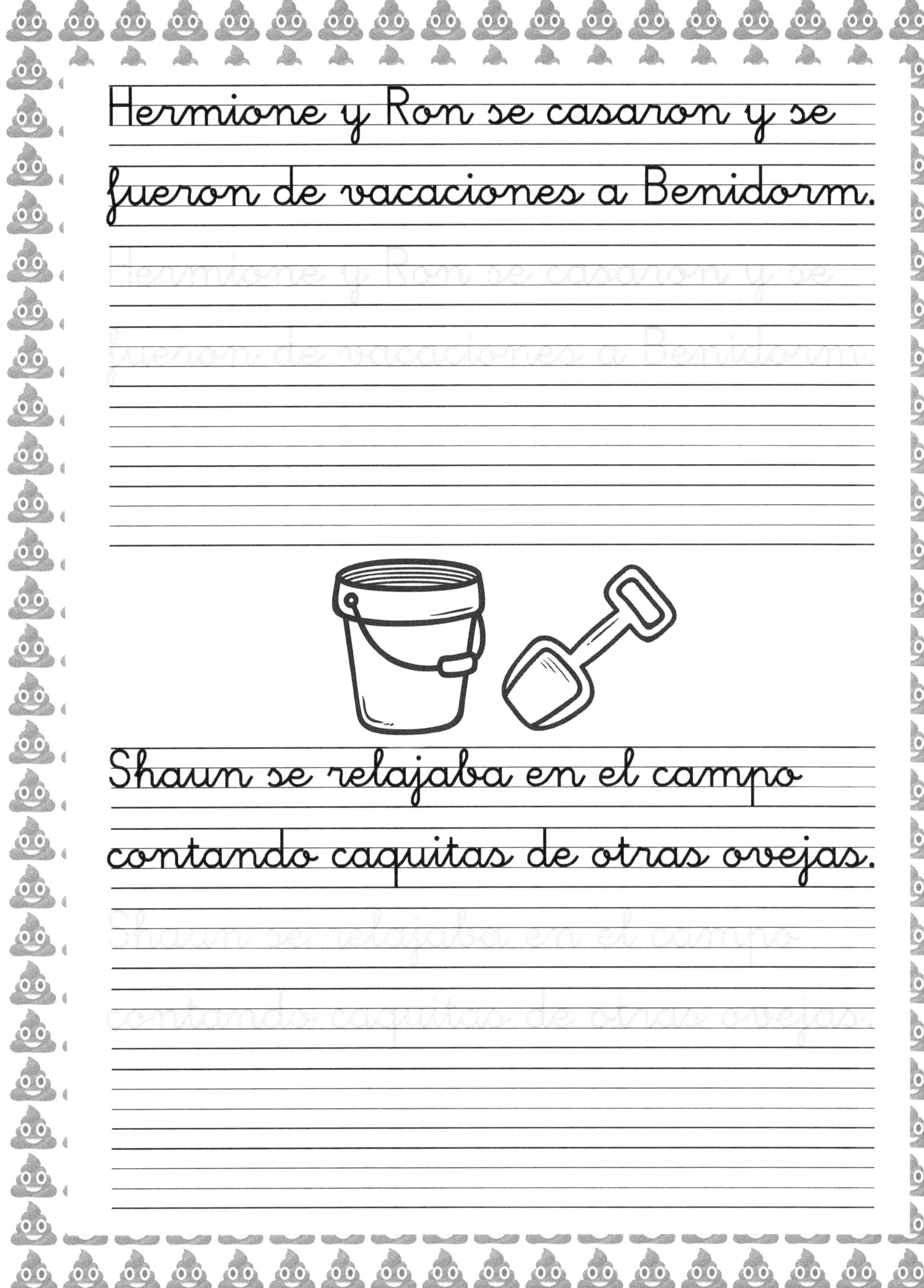

Shaun se relajaba en el campo contando caquitas de otras ovejas.

Nella era una princesa que se
sacaba mocos a escondidas.

Por su cumpleaños, Olaf le regaló
a Elsa una caca congelada.

Blancanieves estornudó tan, tan
fuerte, que se le escapó un pedo.

¿Qué tienen en común un pato y
un oso? Que los dos hacen caca.

Nadie quiere regalar camisas a

Hulk porque las rompe todas.

Nadie quiere regalar camisas a

Hulk porque las rompe todas.

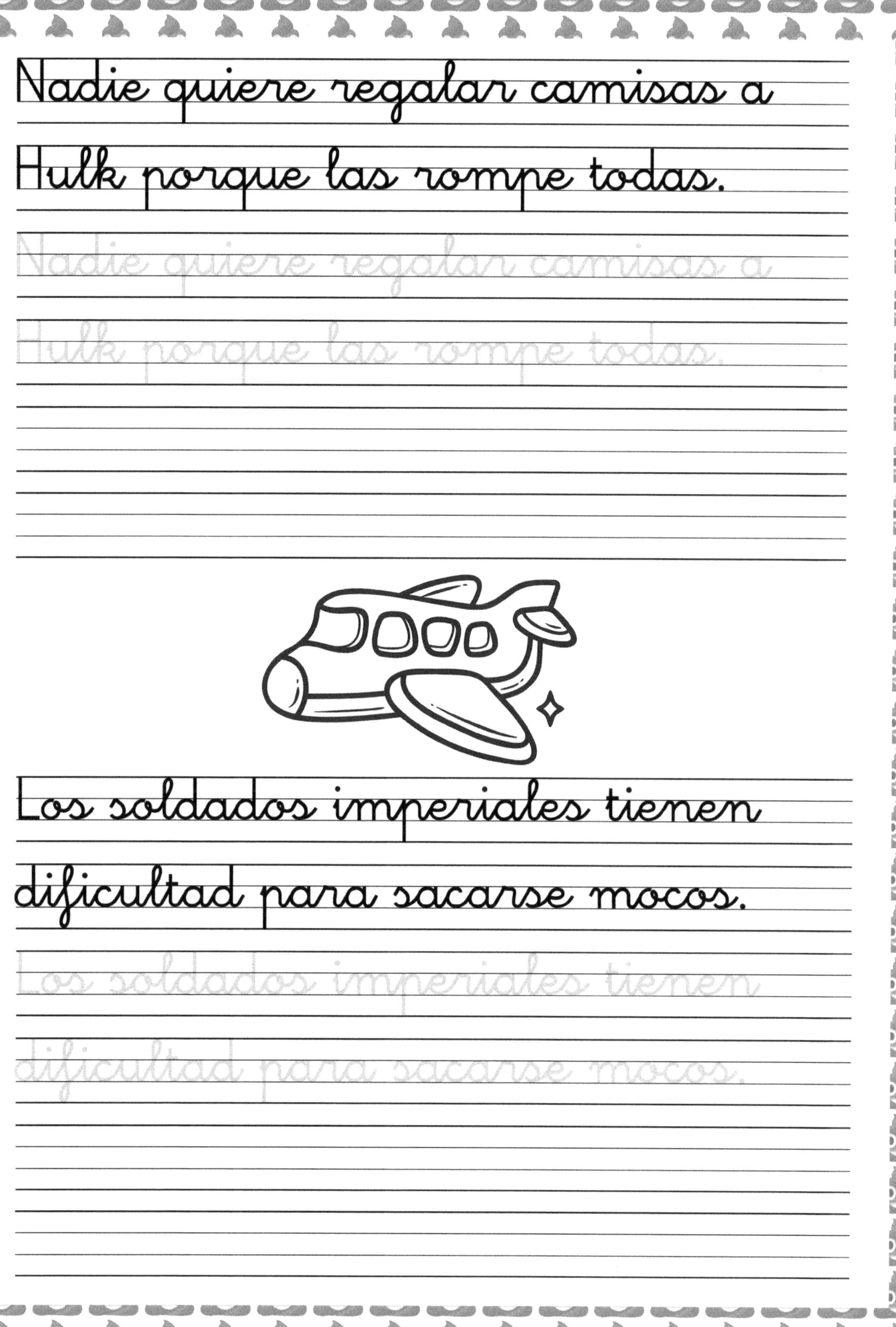

Los soldados imperiales tienen

dificultad para sacarse mocos.

Los soldados imperiales tienen

dificultad para sacarse mocos.

COLOREA

CACAFUTI

COLOREA

CACAFUTI

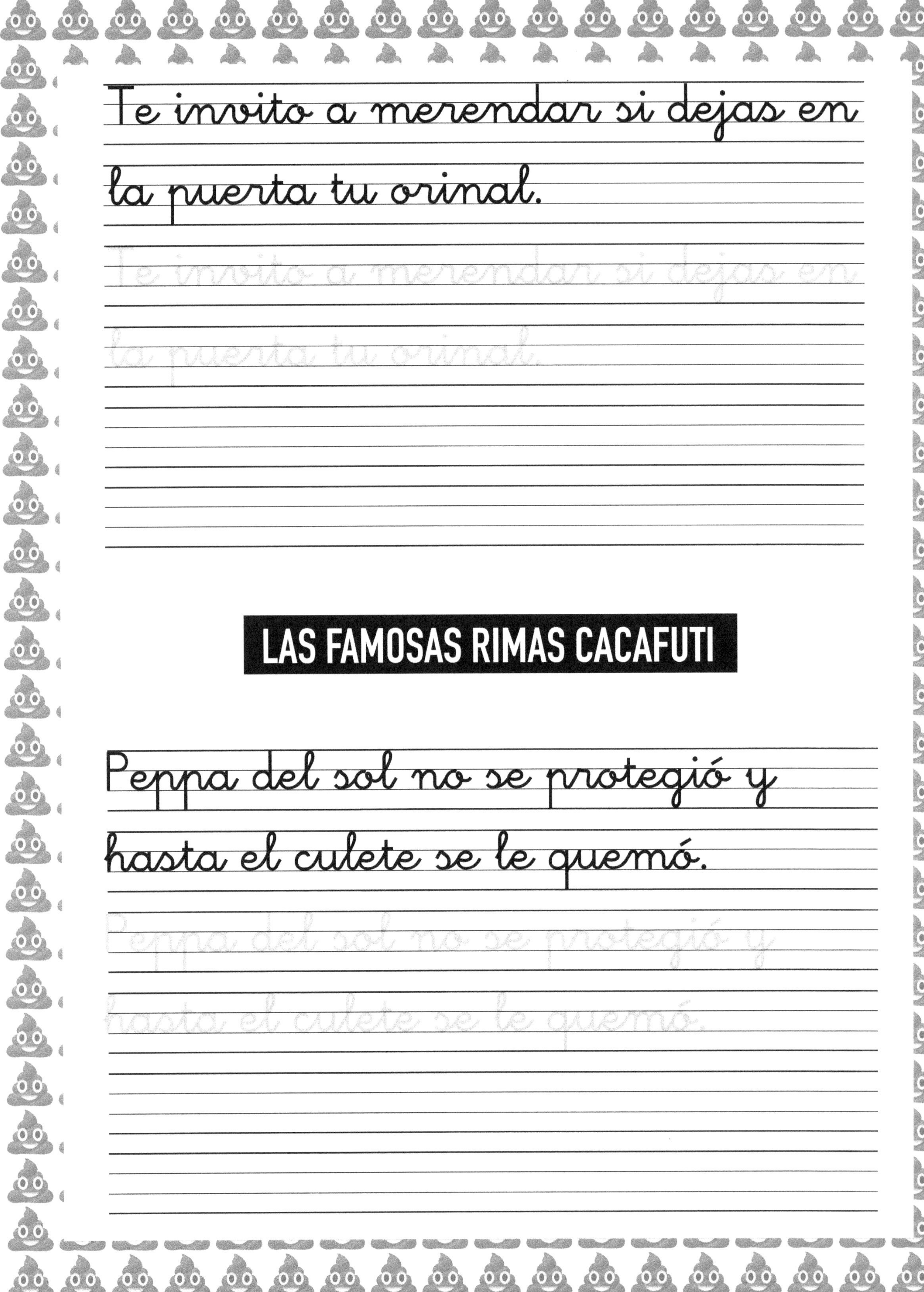

Te invito a merendar si dejas en
la puerta tu orinal.

LAS FAMOSAS RIMAS CACAFUTI

Peppa del sol no se protegió y
hasta el culete se le quemó.

Aquí a las 8 todos hacen caca: el perro, la gata y hasta la tata.

Los siete enanitos se tiraron siete peditos.

El helado está frío, el sol caliente
y tu caca huele divinamente.

A mí no me engañas, tú nunca
has olido el pedo de una araña.

La patrulla canina va tirándose
pedos mientras camina.

Muy bonito era el ruiseñor que se
hizo caquita sobre ese señor.

Son las 5 menos 10 y Woody se
ha tirado un pedo otra vez.

Si te decides a olerme el pañal, te
aseguro que olerá muy mal.

Invítame a un helado, que en mi
cabeza una paloma se ha cagado.

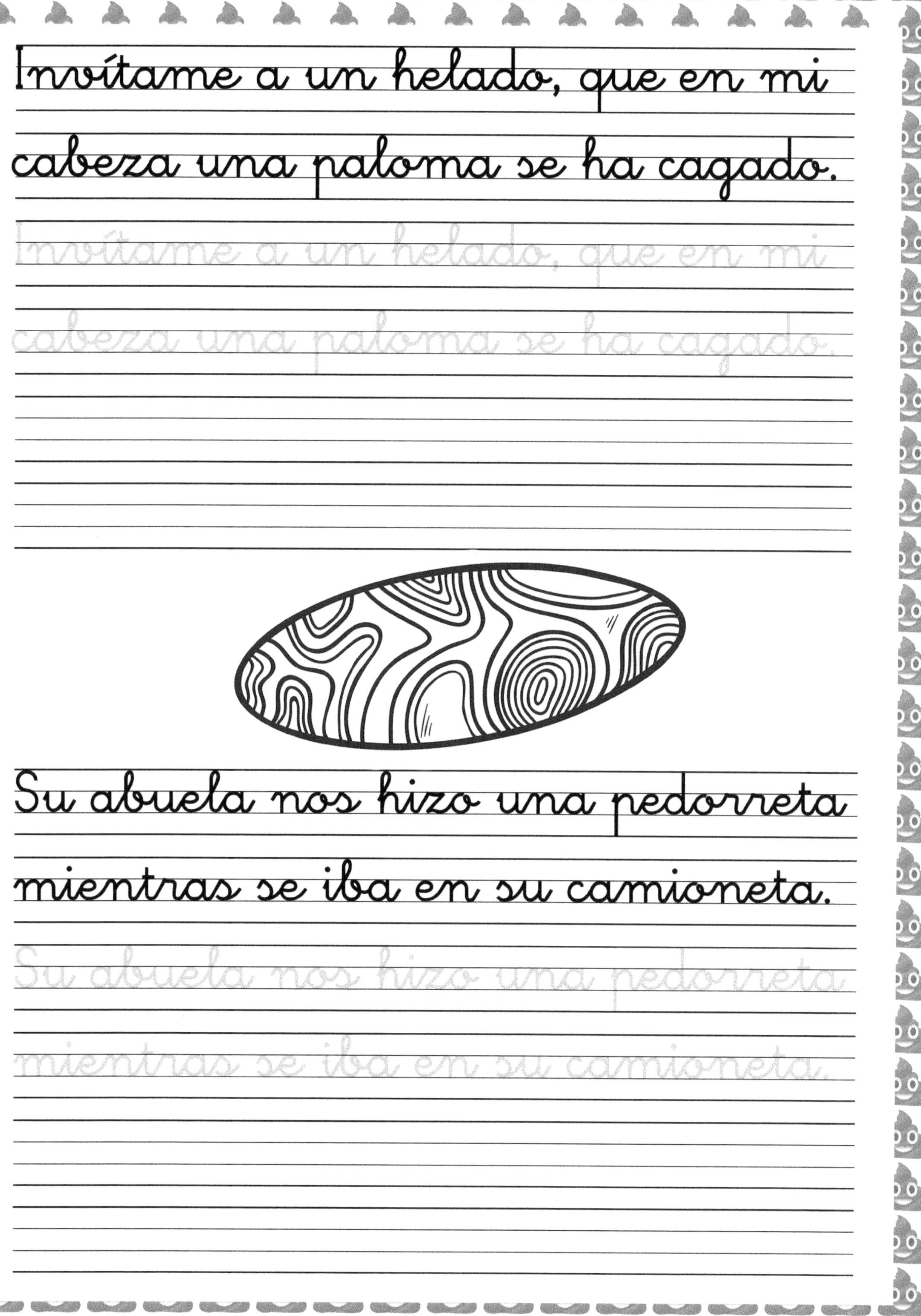

Su abuela nos hizo una pedorreta
mientras se iba en su camioneta.

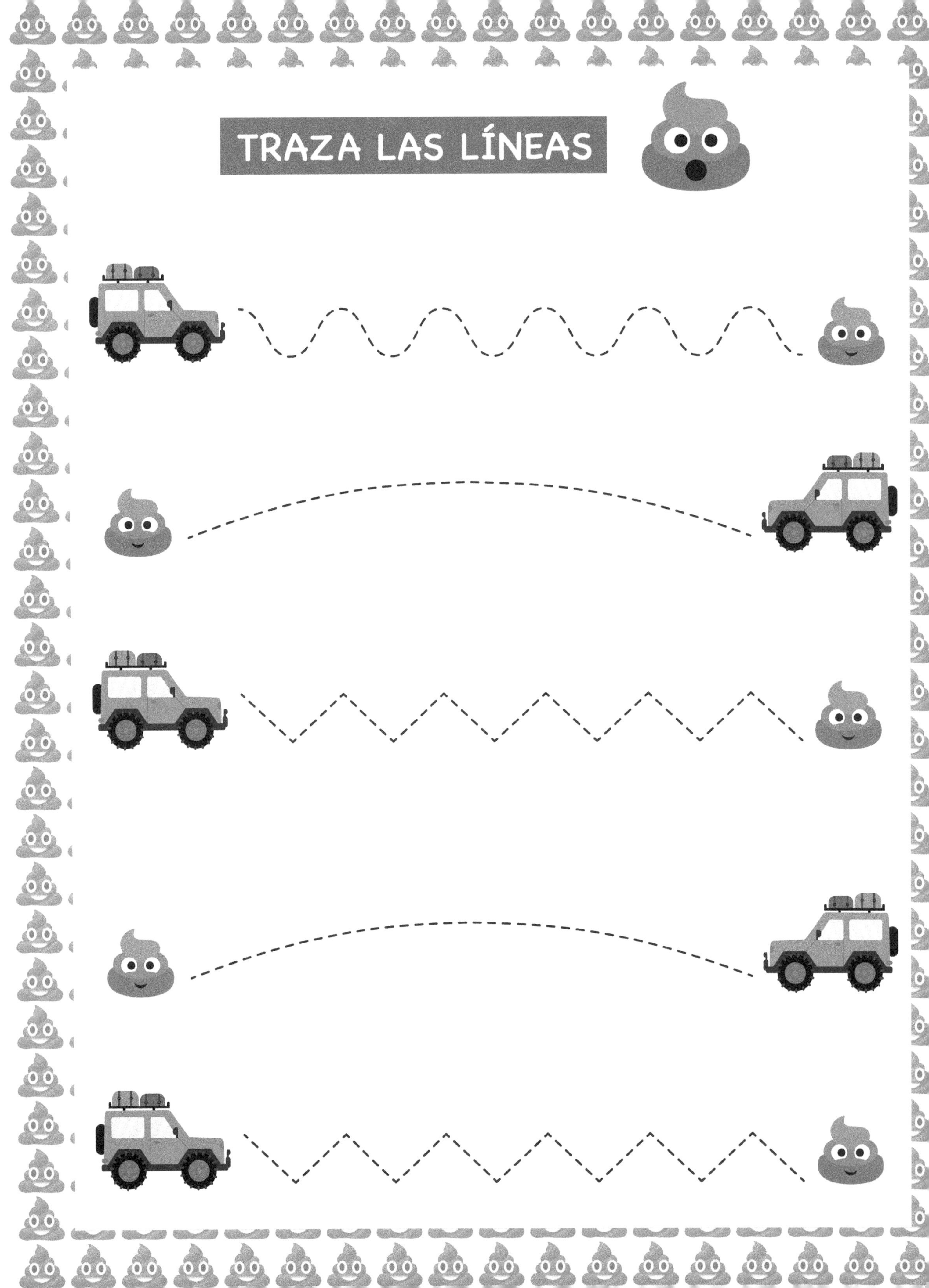
TRAZA LAS LÍNEAS

TRAZA LAS LÍNEAS

Bambi dejó una caca en el orinal,

a mí no me pareció muy mal.

Una sopita caliente de sesos y el

mono Felipe te dará un buen beso.

Al elefante se le escapó tal pedo,
que se me voló el sombrero.

Tanto pelo tiene la osa que no sé
si tiene el culo rosa.

Superman se sentó a mi lado en
el cole ¡no hay cosa que más mole!

La clase olía a caramelo, gracias a
eso no notaron mi pedo.

Ryder sacó a los cachorros de casa porque daban mucho la brasa.

Ryder sacó a los cachorros de casa porque daban mucho la brasa.

Mérida tiró una flecha y al Rey Fergus dió en la nalga derecha.

Mérida tiró una flecha y al Rey Fergus dió en la nalga derecha.

Si de gusanos es el estofado, yo no probaré bocado.

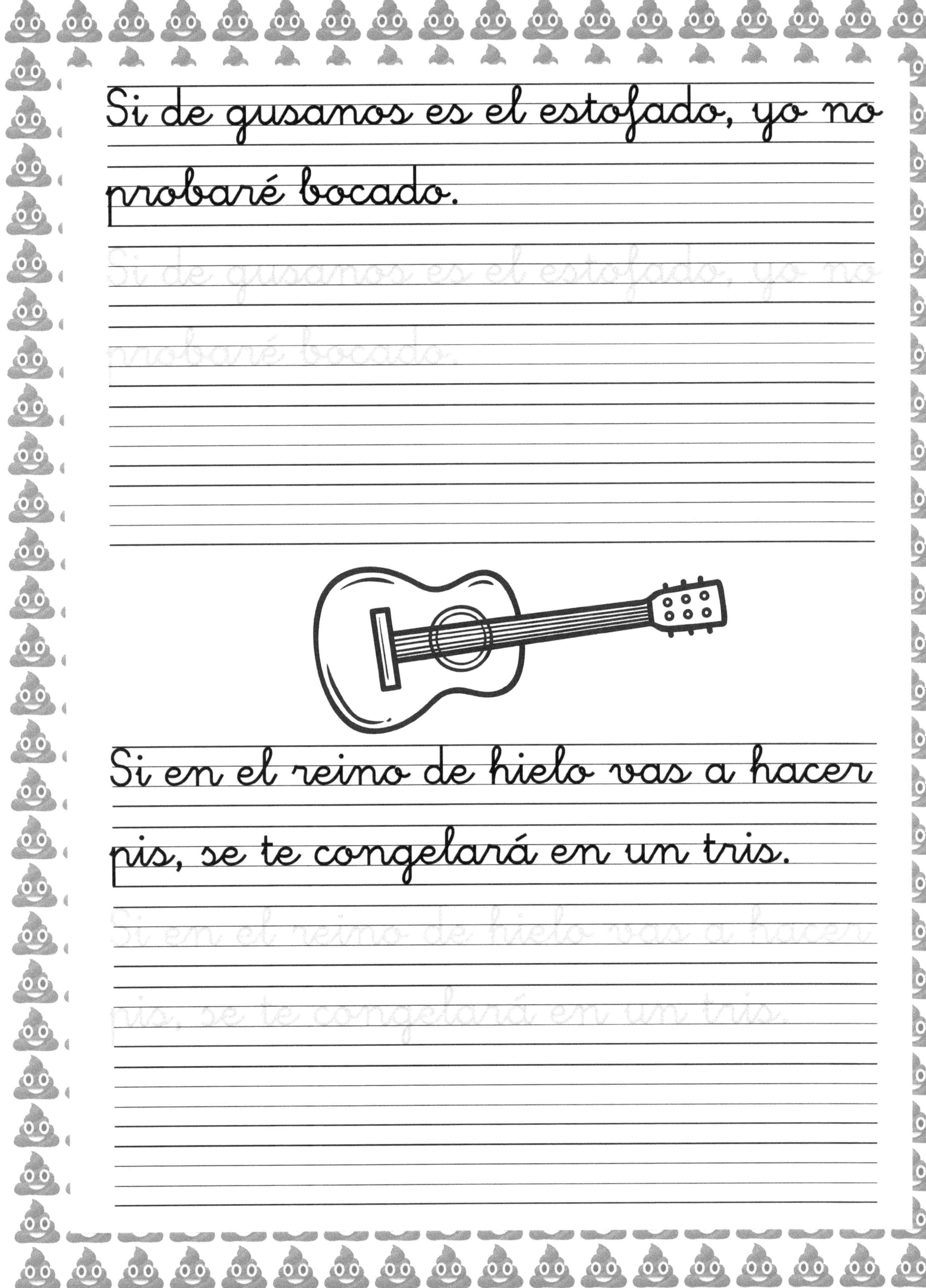

Si en el reino de hielo vas a hacer pis, se te congelará en un tris.

Spiderman y Batman fueron a cenar y aquello acabó muy mal.

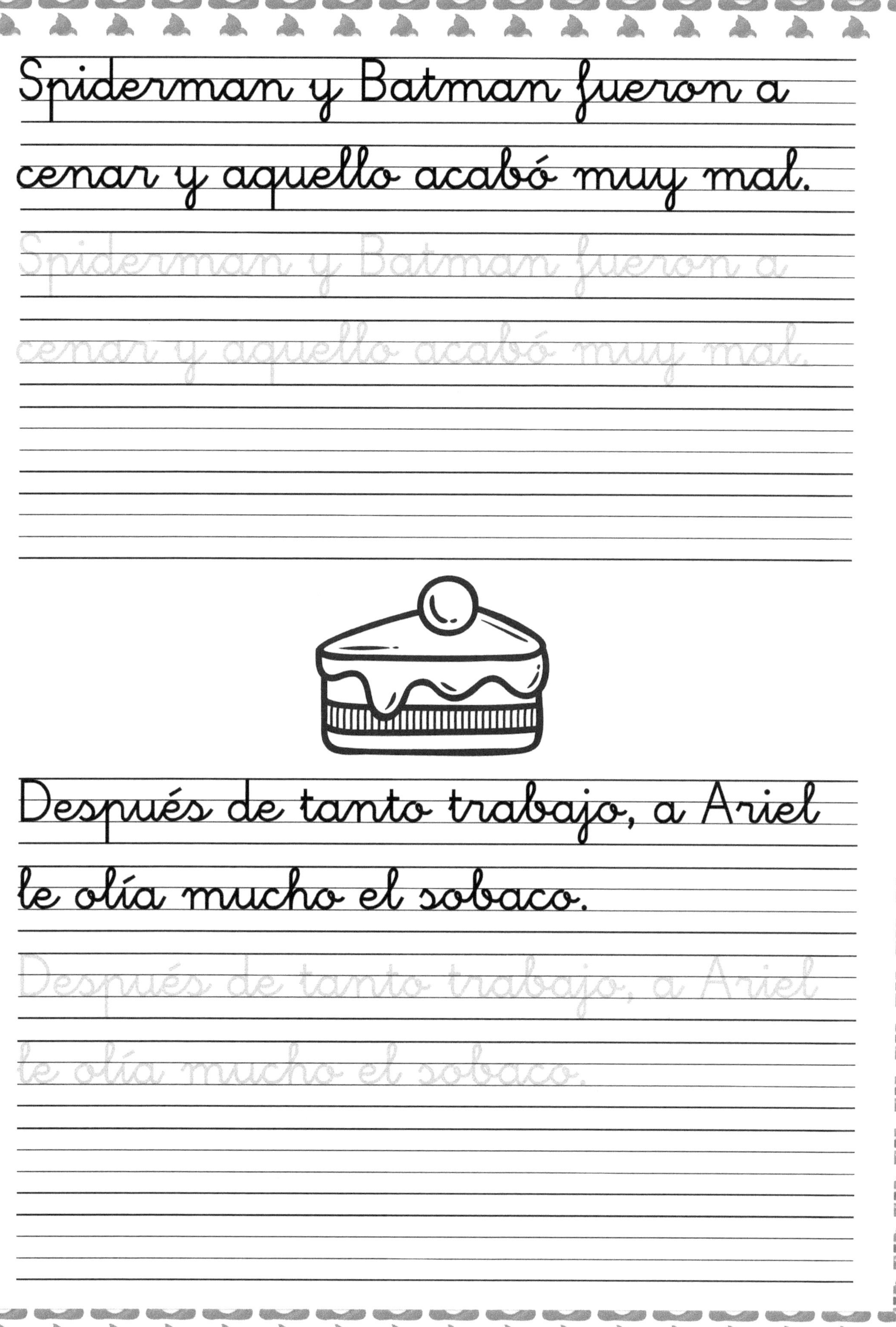

Después de tanto trabajo, a Ariel le olía mucho el sobaco.

Anna y Elsa se van a la playa y todo el mundo se calla.

Llevé a mi droide a arreglar,"La vaca Lola" ya puede cantar.

A la dama y el vagabundo, le
hace fotos todo el mundo.

Súper Mario arregló mi váter, le
di una lata de tomate.

Si a Lobezno haces enfadar, lo vas

a pasar muy mal.

Si a Lobezno haces enfadar, lo vas

a pasar muy mal.

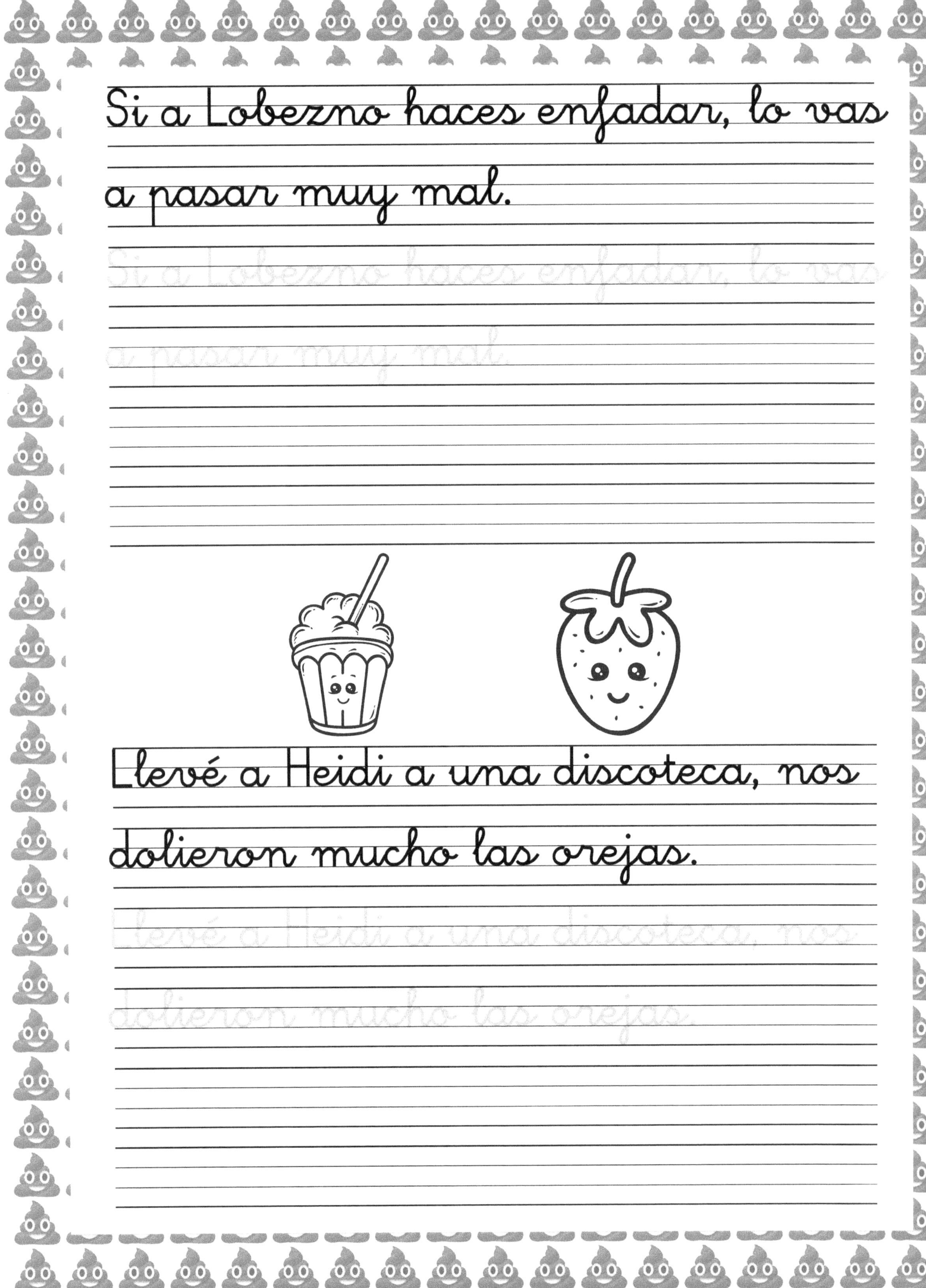

Llevé a Heidi a una discoteca, nos

dolieron mucho las orejas.

Llevé a Heidi a una discoteca, nos

dolieron mucho las orejas.

Al enanito gruñón, le olían los
pies un montón.

Un truco Harry nos quiso hacer
mas no me acaba de convencer.

CACAFUTI

COLOREA

CACAFUTI

Se me escapa la caquita con el
baile de la ranita.

Se me escapa la caquita con el
baile de la ranita.

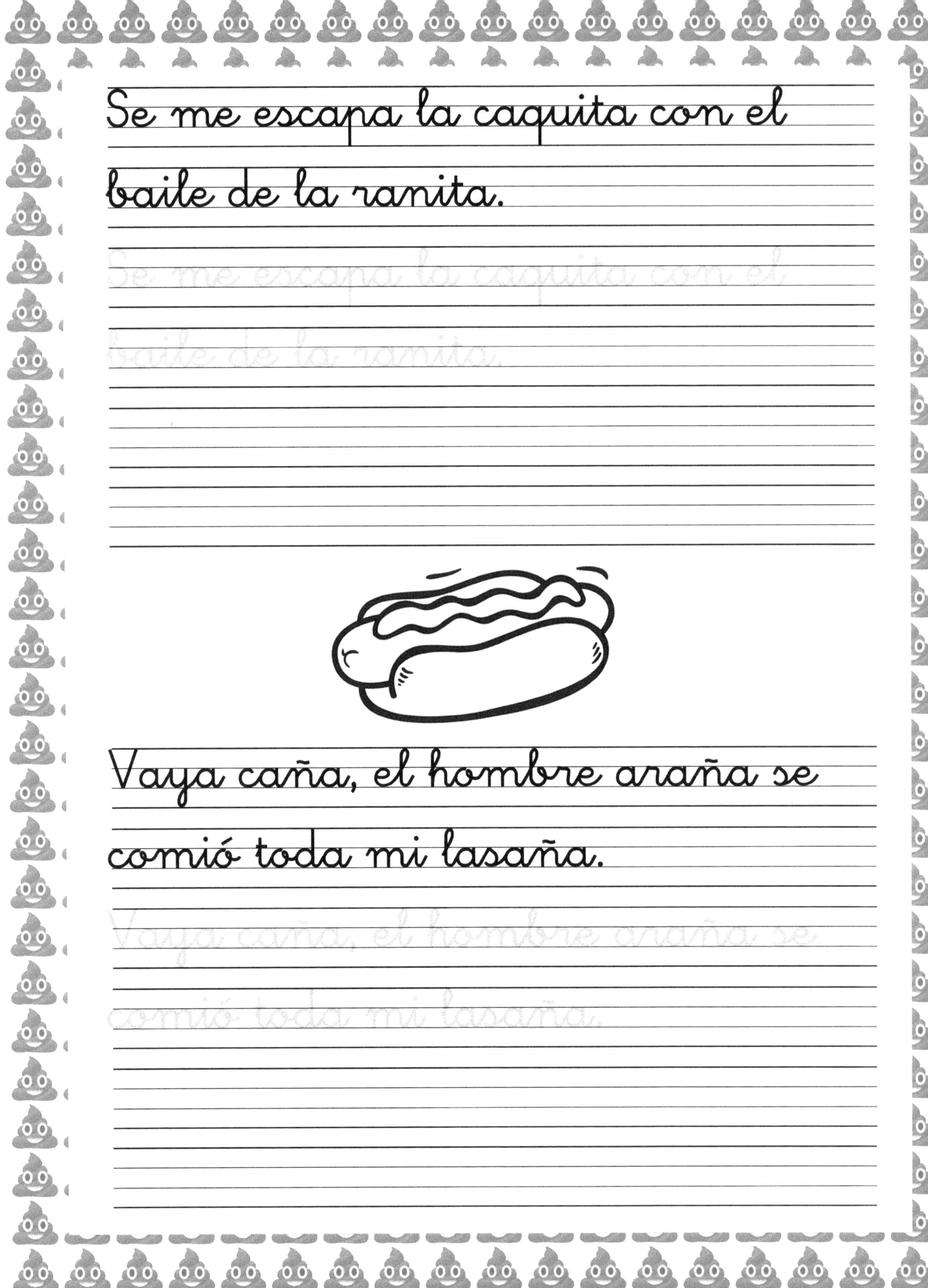

Vaya caña, el hombre araña se
comió toda mi lasaña.

Vaya caña, el hombre araña se
comió toda mi lasaña.

Es verdad que Tarzán y Pulgarcito
hacen un dúo muy bonito.

En un país multicolor pon tu culete
bajo el sol.

Un mundo ideaaaal, donde tus
pies no huelan mal.

Bajo el mar, las sirenitas cantan
muy mal.

Ver tantas horas la televisión, te

deja el coco como un melón.

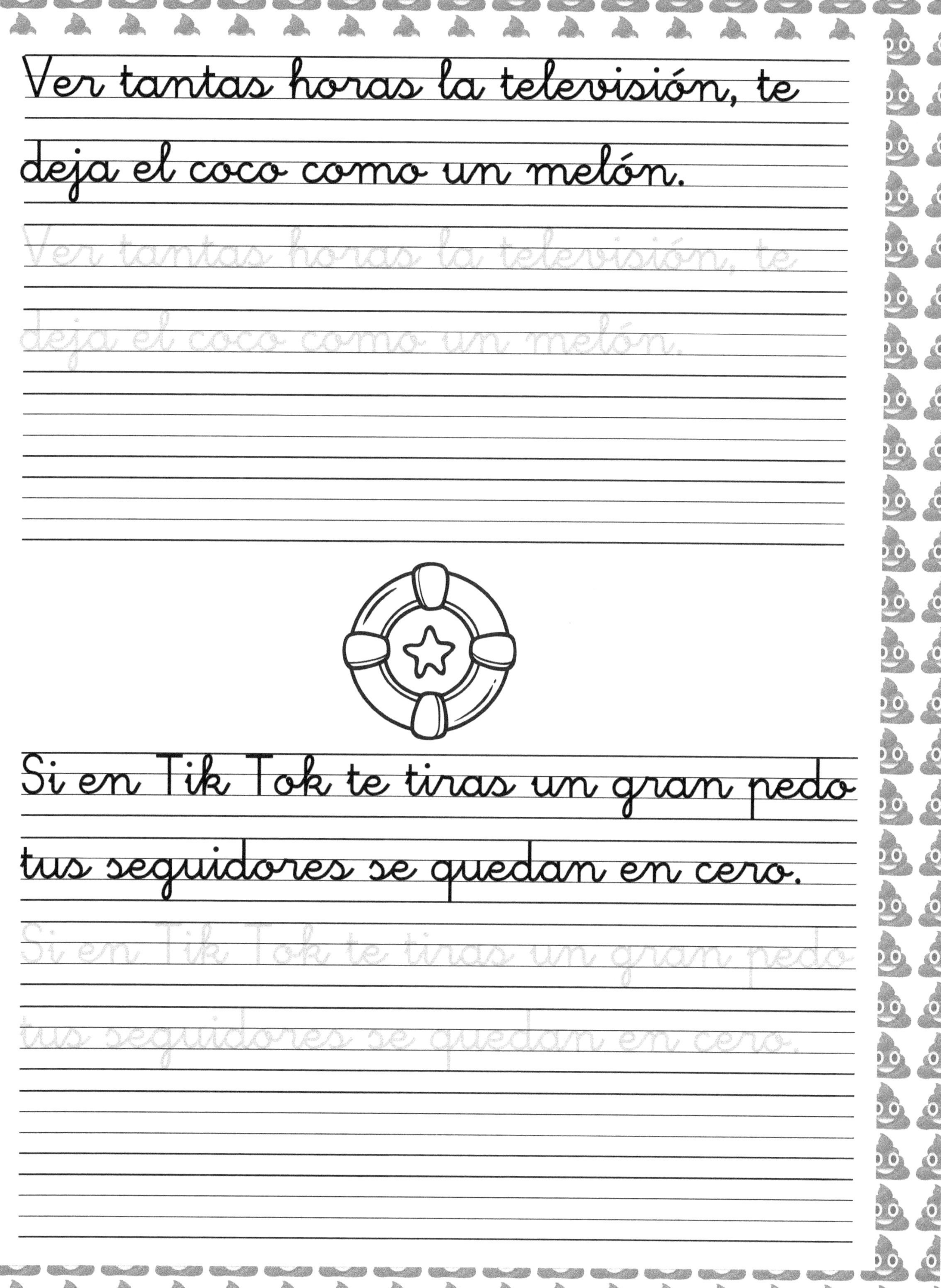

Si en Tik Tok te tiras un gran pedo

tus seguidores se quedan en cero.

EL MÉTODO CACAFUTI

un libro de
caligrafía
para niñ@s
molones